A arte da Capoeira

CAMILLE ADORNO

A ARTE DA CAPOEIRA

CAMILLE ADORNO

Copyright © 2017 Camille Adorno

All rights reserved.

ISBN: 9781973417439
Selo editorial: Independently published

A ARTE DA CAPOEIRA

Ao Mestre Sabu,
Pioneiro da Capoeira Angola no Centro-Oeste do Brasil..

ÍNDICE

Agradecimento		Pg 7
Prefácio		Pg 8
Título I - O caminho da Capoeira		Pg 9
1	O que é a Capoeira?	Pg 10
2	Itinerários: Portugal, África e Brasil na aventura transoceânica	Pg 13
3	Origens da Capoeira	Pg 17
4	A escravização dos africanos	Pg 21
5	A conquista da África	Pg 29
6	A colonização do Brasil	Pg 37
7	Navegar é preciso	Pg 46
8	Viver não é preciso!	Pg 57
9	A origem do termo Capoeira	Pg 63
10	Zumbi: o mestre da resistência	Pg 64
Título II - Capoeira & Capoeiras		Pg 69
11	Histórias da Capoeira	Pg 70
12	Vicente Ferreira Pastinha: o mestre da Capoeira Angola	Pg 98
13	Manoel dos Reis Machado: o mestre Bimba	Pg 106
Título III - Na roda de Capoeira		Pg 113
14	A música da Capoeira	Pg 114
15	A roda de Capoeira	Pg 116
16	As origens do berimbau	Pg 119

17	A construção do berimbau	Pg 123
18	O som da Capoeira	Pg 126
19	O jogo da Capoeira	Pg 131
20	A preparação do Capoeira	Pg 135
21	Os movimentos	Pg 137
22	A Capoeira hoje	Pg 148
	O autor	Pg 154
	Bibliografia	Pg 155

AGRADECIMENTO

Aos camaradas do Terreiro de Capoeira Angola do Mestre Sabú,
irmãos nos caminhos da Capoeira,
José Bosco Gabriel – "Ti-Bosquim"
e Antensino Teles Fernandes Filho – "Foguinho".

Prefácio

Herança africana legada à cultura brasileira, o jogo da Capoeira significa valioso contributo à formação da nossa identidade cultural.

Neste livro estabelecemos os caracteres delineadores da Capoeira, propiciando uma oportunidade de iniciação à arte. Na leitura desse tema ampliam-se as possibilidades de compreensão da nossa história, onde se insere a Capoeira e que preservou a lembrança das lutas sociais que forjaram a cidadania brasileira.

Esta obra é um passo para se promover o resgate das tradições da Capoeira divulgando essa bela expressão nacional.

Camille Adorno
Mestre Cascavel

I
O CAMINHO DA CAPOEIRA

*"Em nome do Deus de todos os nomes
Javé, Obatalá, Olorum, Oió.
Em nome de Deus, que a todos os Homens
nos faz da ternura e do pó.
Em nome do Povo que espera
na graça da fé, à voz do Xangô
o Quilombo Páscoa que o libertará.
Em nome do Povo sempre deportado
pelas brancas velas no exílio dos mares
marginalizados no cais, nas favelas e até nos altares.
Em nome do povo que fez seu Palmares,
que ainda fará Palmares de novo
"Palmares, Palmares, Palmares do Povo."
missa dos Quilombos*

O QUE É A CAPOEIRA?

*'Os negros usavam a Capoeira
para defender sua liberdade'.*
    Mestre Pastinha

   Capoeira é luta. Jogo e dança. Brincadeira de movimentos perigosos executados com graça, malícia e muitos rituais. Dança negra em que prevalece a agilidade da esquiva e a esperteza da fuga. Os pés que deslizam sobre o chão podem desferir golpes fatais: de repente, ante os olhos surpresos do adversário, o gesto rápido - o ataque fulminante! Então, prostrado, o inimigo se dá conta de que foi vítima da mandinga. Isto, se ainda tiver vida...
   Essa dança - enquanto forma de expressão corporal - possui uma linguagem onde cada gesto significa e representa ideia e sentimento, emoção e sensação.

   "No tempo em que o negro chegava/ fechado em gaiola/ Nasceu no Brasil/ Quilombo e quilombola/ E todo dia/ Negro fugia/ juntando a corriola/ De estalo de açoite, de ponta de faca/ e zunido de bala/ Negro voltava pra argola/ no meio da senzala/ E ao som do tambor primitivo/ berimbau, maraca e viola/ Negro gritava: abre ala! Vai ter jogo de Angola"
       Mauro Duarte & Paulo Cesar Pinheiro, Jogo de Angola

   O jogo da Capoeira é a síntese da dança: a sua essência, disfarçada em brinquedo, em vadiação – distração de quem busca extravasar cada função interior nos gestos exteriores. Nessa dança se manifesta a tradição milenar da cultura negra de reverenciar as origens, cada vez que se repetem gestos ancestrais, renovados: o jogo da Capoeira é um vínculo com nossos antepassados que praticaram os mesmos atos.

A habilidade, agilidade e destreza do capoeira estão expressos com astúcia no balanço dos braços, no arremesso oportuno dos pés, no meneio desconcertante do tronco, na harmonia de todo o corpo em gestos circulares que não perdem a continuidade – como se fora um ininterrupto perambular pelo círculo, em estreita ligação com o solo.

A Capoeira consiste numa dança onde o emprego dos movimentos arriscados – pela circunstância de camuflar possível contenda – envolve os participantes e contagia quem assiste. A natureza dúplice de luta disfarçada em brincadeira dá forma a um jogo de movimentos que podem ser ofensivos ou defensivos combinando objetividade e precisão no ataque com defesas velozes, originais, em que o corpo é utilizado no limite dos recursos de elasticidade e flexibilidade muscular compondo assim uma bela plástica humana em gestos despojados, naturais: a Capoeira é a dança do perigo.

É ainda mais a dança da Capoeira: o contato com o chão, intenso como o vínculo dos filhos com a mãe terra que envolve e protege – gera e alimenta a vida acolhendo os movimentos corporais que são também em seu louvor.

A postura respeitosa dos capoeiras uns com os outros, para com o jogo, o "chão", o berimbau e o atabaque, se explica no propósito maior da dança: unir; ligar estreitamente, como as mãos que se apertam em cumprimento respeitoso ao final de cada jogo, na saudação dos camarás.

O jogo da Capoeira é o corpo e a essência da luta de resistência negra, primeira e original manifestação libertária da cultura brasileira; é o corpo e a força de antigos ritos preservando mitos e arquétipos da nossa gente. Participando ativamente da resistência comum às variadas formas de dominação física e cultural, desde o seu aparecimento nas terras brasileiras a Capoeira corporifica a insurgência à dominação e a defesa da construção de uma nova identidade coletiva: esse jogo não é somente um fermento revolucionário – mas referência nas transformações sociais – firmado nas mais antigas raízes culturais do povo brasileiro. Nascida do anseio de liberdade dos escravos africanos no Brasil a Capoeira é a voz do povo brasileiro na luta pela afirmação da sua identidade num diálogo igualitário, respeitoso e fraterno entre todas as pessoas.

"Dança guerreira/Corpo do negro é de mola/Na Capoeira/ Negro embola e desembola/E a dança que era uma festa pro povo da terra/Virou a principal defesa do negro na guerra/Pelo que se chamou libertação/E por toda força, coragem e rebeldia/Louvado será todo dia/Que esse povo cantar e lembrar o jogo de Angola/Da escravidão no Brasil."

Mauro Duarte & Paulo Cesar Pinheiro, *Jogo de Angola*

Nas rodas do jogo a luta da Capoeira é um brinquedo guerreiro, uma diversão entre camaradas unidos no aprendizado da mesma luta: irmãos solidários nos combates da vida. Quando o jogo degenera em luta explícita, já não ocorre a Capoeira. O objetivo da luta é tornar o capoeira senhor de si mesmo e integrado ao grupo: é no recesso da comunidade que ocorre o aprendizado e a prática do jogo, de forma coletiva e fraterna. E, se às vezes isto não acontece, não se pode falar em Capoeira na plenitude; quando muito em adestramento nos movimentos básicos, de forma desvinculada dos objetivos e fundamentos da arte.

O ponto alto dessa luta sempre foi resistir: contra o preconceito, a discriminação disfarçada. Os movimentos do jogo da Capoeira exprimem a resistência de um povo às variadas formas de dominação: a luta da Capoeira é insubordinação, é subversão; ação e reação reafirmando o principal valor do homem – a liberdade.

"Capoeira vai lutar/ já cantou e já dançou/ não pode mais esperar.../ Não há mais o que falar/ cada um dá o que tem/ Capoeira vai lutar.../ Vem de longe, não tem pressa/ mas tem hora pra chegar/ já deixou de lado sonhos/ dança, canto e berimbau/ abram alas, batam palmas/ poeira vai levantar/ quem sabe da vida espera/ dia certo pra chegar/ Capoeira não tem pressa/ mas na hora vai lutar..."
Geraldo Vandré, Hora de Lutar.

A Capoeira é a sínteses das lutas que permearam a construção do Brasil e de resistência de um povo que sempre reagiu à dominação das elites que detêm o poder: a luta da Capoeira é insubordinação, é subversão, é reação, mais que nunca reafirmando o principal valor do homem: liberdade.

Luta negra. Presente no cotidiano dos morros, terreiros, favelas, praças e ruas; é a mais antiga companheira do trabalho e diversão nas feiras e festas, integrando a população brasileira em qualquer ambiente social.

ITINERÁRIOS:
PORTUGAL, ÁFRICA E BRASIL
NA AVENTURA TRANSOCEÂNICA

"Fomos ao rio de Meca/ Pelejamos e roubamos/ E muito risco passamos/ e vela./ E árvore seca./ (...) A renda que apanhais/ O melhor que vós podeis,/ Nas igrejas não gastais/ Aos pobres pouco dais/ E não sei o que lhe fazeis."
Gil Vicente, Exortação da Guerra

O período histórico onde se situa o descobrimento do Brasil e a consequente formação da nossa cultura teve o valioso testemunho dos relatos e narrativas deixadas por escritores portugueses da época.

A literatura lusa – constituída ainda no período medieval – alcançou o apogeu com Gil Vicente, Camões e Fernão Mendes Pinto, justamente na fase em que é completada a expansão do povo português no mundo. O Brasil, portanto, é contemporâneo dessa expansão, nela se inserindo tanto o fato primordial da sua descoberta e colonização, quanto o dos belos trabalhos produzidos pela talentosa literatura portuguesa terem por motivo inspirador os fatos decorrentes da sua descoberta – além da conquista na África.

A língua portuguesa, instrumento dessa literatura e que com ela se aprimorou deriva do latim popular – que teria chegado à Península Ibérica no século III antes de Cristo.

Na história literária – assim como na história geral – encontramos divisões em épocas ou períodos, compreendendo fases de tempo em evolução cronológica e englobando conjuntos de obras literárias com características comuns. Nesse trabalho, os historiadores da literatura consideram se as obras obedecem aproximadamente à mesma ordem de valores estáticos, ao reuni-las com vistas à exposição histórica.

Segundo o Prof. Fidelino Figueiredo, divide-se a literatura portuguesa em eras e temos as seguintes: medieval (do século XII até 1502), clássica (1502 a 1825) e romântica (de 1825 aos dias atuais).

O período medieval da literatura portuguesa se caracteriza pela poesia, reunida em repositórios coletivos (os Cancioneiros), que são os seguintes: o Cancioneiro Português da Biblioteca Vaticana, o Cancioneiro Português Colocci-Brancuti e o Cancioneiro Português da Ajuda.

Esta fase medieval é geralmente considerada como finda no começo do século XVI – quando é representada a primeira obra teatral de Gil Vicente, o *Monólogo do Vaqueiro*, em 1502. Começa então o período clássico (já contemporâneo do Brasil), onde a literatura lusa produz obras importantes para a compreensão da gente que realizaria a colonização, evidenciando o seu caráter e a perspectiva em que encaravam a nossa terra.

Na fase clássica encontramos os trabalhos literários que mais diretamente se relacionam à nossa história, abordando as conquistas na África, os costumes de Portugal, as viagens de descobrimento na América e análises e observações importantes acerca da sociedade da época.

Salientamos a importância da consulta às obras de Gil Vicente (1460-1536), fundador do teatro português, autor das farsas *Juiz da Beira, Clérigo da Beira, Inês Pereira, Quem tem Farelos*; dos autos da *Barca da Glória*, da *Barca do Inferno* e da *Barca do Purgatório*. Gil Vicente distinguiu-se ainda como poeta e cronista de costumes ao retratar a vida portuguesa do seu tempo.

Outro vulto de destaque para a compreensão do que era a gente portuguesa é Luís de Camões (1524-1580), não somente o grande poeta lírico do período clássico, mas o mais importante poeta da língua portuguesa, como épico em *Os Lusíadas*, ou lírico, com as *Rimas*. Dramaturgo distinguiu-se com as comédias *El-Rei Seleuco, Anfitriões* e *Filodemo*.

Muitos foram os poetas e romancistas deste período, cujo talento não se ofusca ante o infausto brilho das conquistas na África e no Brasil. Destacam-se: Bernardim Ribeiro (1475-1553), poeta e romancista, autor famoso de *Menina e Moça*; Francisco de Sá Miranda (1495-1558), poeta e teatrólogo: Antônio Ferreira (1528-1559), também poeta e teatrólogo; João de Barros (1496-1570), autor das *Décadas da Ásia*, prosador e historiador; Damião de Góis (1502-1574), autor da *Crônica do Príncipe D. João*; Fernão Mendes Pinto (1509-1580) viajante e prosador, autor do relato *Peregrinação*, de suas viagens ao Oriente; e Diogo do Couto (1542-1616), continuador das *Décadas da Ásia*, companheiro de Camões em Moçambique, autor do *Soldado Prático*.

À época, destacaram-se como historiadores mais especificamente do descobrimento e início da colonização do Brasil: Pero de Magalhães Gandavo (? - 1576), autor da *História da Província de Santa Cruz* e do *Tratado da Terra do Brasil*; Gabriel Soares de Sousa (1540-1592), autor do *Tratado Descritivo do Brasil*; e Frei Luís de Sousa (1555-1632), autor da Vida de D. Frei Bartolomeu dos Mártires.

Dentre os escritores brasileiros, um dos primeiros historiadores foi frei Vicente do Salvador (1564-1639), nascido na Bahia, o primeiro a fazer uso da prosa literária em sua *História do Brasil*, que somente seria publicada em 1889. Segundo o crítico José Veríssimo, ao fazermos a lista dos nossos clássicos, com certeza Frei Vicente do Salvador seria o primeiro.

Estes são alguns dos principais autores e trabalhos que nos permitem uma introdução à história do Brasil e seus problemas, com vistas a formarmos a nossa própria crítica do processo de surgimento da civilização brasileira.

É oportuno salientar que o Brasil revela aspectos contraditórios na sua cultura, especificamente no que diz respeito à presença das influências africanas na produção textual-literária. É extraordinário e controverso o fato do Brasil estar relacionado à África desde a sua origem, mas o reconhecimento da importância dos elementos da cultura africana ainda é recente.

Durante séculos os escritores brasileiros aceitavam a visão dos escravistas: manter o negro sempre longe. Por isso mesmo a África só entrou na literatura brasileira na segunda metade do século XIX – e ainda assim, a penetração ocorreu através da luta contra a escravidão.

Castro Alves – o poeta romântico – fazia versos clamando pela libertação dos negros, mas o tema só começou a ser abordado mais intensamente quando alguns brasileiros passaram a viver na África: Antônio Olinto, por exemplo, com '*A Casa da Água*' e outros livros – e sua mulher Zora Seljan, com a peça teatral '*Três Mulheres de Xangô*', em que o escravo é visto sob a perspectiva africana.

Dentre os autores brasileiros cabe a Jorge Amado o mérito de revalorizar o negro baiano seguindo a linha do antropólogo Gilberto Freyre. Castro Alves trabalhou com uma figura abstrata do negro e o recorte elaborado por Lima Barreto e Machado de Assis divergia da percepção afro-brasileira.

No caso da África o problema se agrava: o processo mais permanente na historiografia brasileira foi o da escravidão – e os autores brasileiros ainda não tiveram interesse de refazer essa história tão cheia de incidentes, bandidos e aventuras que fornecem grandes personagens de romances.

Destacamos a necessidade permanente de valorizar a cultura oral africana que emana das ruas promovendo a identidade do afro-brasileiro – o descendente comprometido com o repasse do legado histórico-cultural dos negros abrangendo a música, a comida, os ritos e costumes africanos.

É indispensável superar o silêncio na escrita e recuperar o discurso sobre esse tema articulando questões relativas ao patrimônio com os ritmos da oralidade e da cultura afro-brasileira. A publicação de autores ligados à Capoeira e demais manifestações presentes nas narrativas orais dos segmentos populares da cultura reconhecendo seu valor deve contribuir para ampliar a percepção do significado dessa escrita e o conhecimento de valores para além da cultura ocidental.

"O choro durante séculos/Nos seus olhos traidores pela servidão dos homens/no desejo alimentado entre ambições de lufadas românticas/nos batuques choro de África/nos sorrisos choro de África/nos sarcasmos no trabalho choro de África"
Agostinho Neto, O choro de África

Origens da Capoeira

'São dois pra bater no negro/ de pau, chicote e facão/pra se safar tem o negro/ só dois pés e duas mãos/ é a mão pelo pé/ é o pé pela mão/ bate na cara/ derruba no chão.
Sérgio Ricardo, Brincadeira de Angola.

As origens do jogo da Capoeira se encontram no princípio da nação brasileira, e seu desenvolvimento acompanhou o relacionamento de negros, brancos e índios no continente americano.

A terra descoberta aos olhos do colonizador seria o berço de uma nova cultura – fruto das peculiaridades do ambiente e da forma em que se processavam as relações entre os conquistadores europeus; os ameríndios – primeiros senhores do continente; e os africanos – trazidos à força para realizar todo o trabalho. Foi assim que a dicotomia senhor/escravo marcou a sociedade colonial – e se constituiu na principal contradição social e elemento de constante tensão e violência.

À época da chegada dos primeiros europeus ao continente americano, no final do século XV, o Novo Mundo apresentava uma diversidade impressionante de povos e formas de organização social que os invasores chamaram de "índios". Os ancestrais desses "índios" haviam ocupado o continente em diferentes ondas migratórias – que contribuiu para dar à nova pátria o perfil heterogêneo atual.

Estimativas demográficas sugeridas para a população americana à época do contato variam muito, mas sabe-se que por volta do ano de 1500 o Homo sapiens – que entrou no continente em época ainda a ser determinada com exatidão – ocupava todos os ecossistemas disponíveis nas Américas, das tundras do Alasca às geleiras da Terra do Fogo; do litoral tropical atlântico à costa desértica do Pacífico andino.

Até mesmo as florestas equatoriais da América do Sul parecem ter dado suporte ao desenvolvimento de sociedades distintas do padrão homogeneamente tribal predominante na atualidade. Historiadores calculam que à época da chegada de Pedro Álvares Cabral ao litoral brasileiro aqui existiam aproximadamente 10 milhões de indígenas; hoje, esse número não ultrapassa 300 mil.

A vida dos indígenas estava centrada nas relações familiares e no papel que cada elemento ocupava na comunidade. Os tupis-guaranis viviam em aldeias instaladas temporariamente em determinado local. Cada uma delas contava com uma população de aproximadamente 500 a 700 habitantes repartidos entre seis a dez grandes casas de 50 a 200 metros de comprimento por 15 a 25 metros de largura. O mobiliário era composto de redes, objetos de madeira e cerâmica, utensílios de pedra e de osso. Além de exímios caçadores e coletores desenvolviam importante atividade agrícola nas terras próximas às aldeias. Cultivavam a mandioca, milho, batata-doce, amendoim, abacaxi, banana e árvores frutíferas. Não conheciam metais – à exceção do ouro. Utilizavam facas e machados de pedra para facilitar o trabalho diário.

Nas aldeias não existia uma autoridade formal responsável pelo controle do grupo, mas os guerreiros mais valentes tinham grande prestígio e o mesmo acontecia com os pajés – mediadores entre o plano dos homens e o dos espíritos, presentes em todas as manifestações da natureza. Esses grupos acreditavam na vida futura e na reencarnação dos antepassados em uma criança. Temiam os espíritos do mal e as almas dos mortos – responsabilizadas pelas doenças, acidentes, derrotas nas guerras e fenômenos como as tempestades e trovoadas.

Os índios brasileiros eram uma mercadoria quase tão preciosa – para arrancar das novas terras e levar à Europa – quanto o pau-brasil. Raro era o navio que – aportando por estas bandas – não levasse na viagem de volta um ou mais exemplares. Alguns eram para servir como escravos; outros se destinavam à exibição como atrações de feira e outras para atender à lascívia dos europeus – que nelas enxergavam amantes tão práticas e cômodas quanto podem ser brinquedos descartáveis.

Pedro Álvares Cabral, na mesma caravela que logo despachou pra comunicar ao rei a chegada à nova terra já mandou um índio. Este interesse perverso não foi privilégio dos portugueses: os franceses, por exemplo, rivais dos lusitanos na busca de territórios para conquistar também se deixaram seduzir pelo encanto dos habitantes destes confins. Teria sido o capitão Binot Paumier de Goneville – que aportou no litoral do atual estado de Santa Catarina com o navio *Espoir* – o primeiro francês conquistar a amizade e a confiança de um cacique local, Aroca, de tal forma que este permitiu, em 1505, que um filho seu de 15 anos, Essomericq, acompanhasse-o na viagem de volta. Goneville prometeu que ao completar vinte luas mandaria o filho do cacique de volta, mas não foi possível cumprir a promessa. Essomericq (cuja história é tema do livro *'Vinte Luas'*, de Leyla Perrone-Moisés) ficou na França e se casou com uma sobrinha do capitão; assumiu o nome de Paumier Goneville, herdou os bens da família, fez numerosa prole e morreu aos 95 anos.

Era sempre da Normandia – ou da vizinha Bretanha – que partiam as expedições para o Brasil, fruto de iniciativas particulares que os portugueses consideravam piratas. Em 1509 outro desses aventureiros, Thomas Aubert, levou consigo sete índios brasileiros. Pouco depois esses índios, originários "dessa ilha que se chama Novo Mundo", segundo o cronista da época Henri Ettiénne, desfilavam pelas ruas de Rouen, na França, para deleite do populacho. "Falam pela boca" – registrou esse cronista admirado com a grande coincidência da natureza ter plantado o órgão de emitir sons no mesmo orifício destinado nos europeus a essas funções.

Em 1550, ainda em Rouen, deu-se um acontecimento memorável. Por ocasião de uma visita do rei Henrique II preparou-se uma festa como jamais houvera na Europa ou em parte alguma. Sua majestade e outros ilustres visitantes – entre os quais suas duas parceiras de leito: Catarina de Médici, a oficial, e Diana de Poitiers, a oficiosa; a rainha da Escócia Maria Stuart, mais sete cardeais, príncipes, duques, ministros e embaixadores foram obsequiados com uma superprodução que lhes apresentava o Brasil. Numa floresta nos arredores da cidade ornamentaram-se as árvores com falsas folhas e falsos frutos tropicais. Os organizadores do evento espalharam nos galhos micos, saguis e papagaios. Em meio a esta paisagem 300 indígenas – cinquenta verdadeiros e os demais franceses recrutados para o papel – foram postos a representar o que seria a vida na selva: uns fingiam caçar, outros pescar; alguns se balançavam em redes penduradas nas árvores e outros se davam a trabalhos como recolher toras de pau-brasil para os estrangeiros que tinham tanto interesse naquele produto.

Passíveis ou não de compreensão, certos enigmas da vida desses povos não conseguiram ser aceitavelmente respondidos. Um dos costumes indígenas que causou enorme perturbação aos europeus foi o ritual antropofágico praticado entre os tamoios e outros grupos tupis-guaranis. Comer a carne de um guerreiro da tribo inimiga após uma guerra tinha um significado místico arraigado na cultura das comunidades ameríndias.

Dentre os cronistas que descreveram os costumes dos indígenas brasileiros encontrava-se o marinheiro inglês Anthony Knivet – que deixou registrada em *'Vária fortuna e estranhos fados'* imagem interessante:

"Primeiramente matava-se o homem a golpes na nuca; em seguida tiravas-lhe a pele com um dente de capivara ajudando com o fogo, até que com as mãos toda a pele do corpo pudesse ser destacada. A cabeça cortada era entregue ao "carrasco"; as entranhas às mulheres. O corpo era retalhado junta por junta distribuindo-se as partes; no dia seguinte, as mulheres ferveram cada junta numa vasilha de água, e assim o grupo todo fez uma enorme sopa".

Outro cronista, Antônio de Santa Maria Jaboatão, em '*Novo Orbe Seráfico Brasílico ou Crônica dos frades menores da Província do Brasil*' relata o depoimento de uma velha índia na hora da morte:

"Já havia recebido toda a 'medicina da alma' e parecia bem disposta espiritualmente e inclinada à fé católica. Compadecido coma fraqueza da velha, o padre que a assistia resolveu indagar-lhe se não queria comer um pouco de açúcar ou outra coisa gostosa do além-mar. *Ai meu neto!* – respondeu a velha, "nenhuma coisa da vida desejo. Tudo me aborrece já, só uma coisa me poderia tirar agora este fastio. Se eu tivera uma mãozinha de um rapaz tapuia, de pouca idade, e tenrinha, e lhe chupara aqueles ossinhos, então me parece tomaria algum alento; porém eu, coitada de mim, já não tenho quem me vá flechar um destes!".

O Brasil estava na moda na França – o país destinado a ser, entre todos, o que mais espalharia modas mundo afora. Michel de Montaigne (1533-1592, o clássico autor dos '*Ensaios*', relata o encontro dos índios com a corte de Carlos IX (filho de Henrique II e Catarina de Médici) quando o rei tinha 12 nos. Para entreter o real pequerrucho organizou-se um evento no qual a principal atração vinha lá de longe, das misteriosas novas terras a Ocidente onde os franceses – como o almirante Villegaignon – nos rastros dos pioneiros espanhóis e portugueses também procuravam se estabelecer. A atração não era mais tão surpreendente – tanto se insistia nela naqueles tempos – mas o sucesso continuava garantido. Prosperava o negócio de expor à curiosidade pública o mais extravagante dos espécimes colhidos nesse mundo exótico – e considerado pelos europeus uma espécie de bicho-gente.

A ESCRAVIZAÇÃO DOS AFRICANOS

"Se os poderosos cada vez mais escravizam
os oprimidos
lutam por liberdade
É a maior esperança
de libertação..."
Solano Trindade, Nem tudo está perdido

Perde-se no tempo a origem da escravidão. Tudo indica que teria surgido com as primeiras lutas e teve seu início no direito da força que vencedores exerceram sobre os vencidos.

O tráfico de seres humanos reduzidos ao *status* de mercadoria acompanha as mais antigas sociedades e nações – e pouco a pouco se tornou um costume corporificado e difundido entre os homens isolados, famílias, tribos, alcançando por fim as nações e os estados organizados.

O longo caminho percorrido pela tirania desde as primeiras experiências de escravização revela que os Estados organizados instituíram a escravidão militar fundamentando sua justificativa no direito do vencedor em guerras internacionais. Muitos estudiosos do direito pretendem que esse foi um "progresso" no direito das gentes: conservar a vida dos inimigos, a quem se julgava ter direito de matar – e sujeitando-os como compensação à vida em cativeiro sob o domínio do vencedor. Daí nasceu a escravidão mercantil: a exploração do trabalho em regime cativo de seres humanos como um negócio entre Estados – o que é exclusivo e característico do ciclo de escravização africano.

A ferocidade do vencedor exaltada sobre o vencido sempre foi causa potencial da escravização do homem pelo homem. Há milênios os assírios, egípcios, judeus, gregos e romanos adotaram a escravidão e legislaram regulamentando a sua prática.

Nesse aspecto destacaram-se os romanos, mestres incomparáveis do direito objetivo. Consagrou a jurisprudência desse povo os mais desumanos usos e costumes introduzidos pela ferocidade contra os inimigos, nas suas relações e normas de vencedores estabelecendo os seguintes princípios do modo de ser escravo: os inimigos caídos prisioneiros em guerra (o que excluía a guerra civil, interna); o cidadão romano que deixara de inscrever-se no censo lustral realizado a cada quinquênio, o qual era vendido como escravo; o indivíduo pilhado em roubo, em flagrante: o ladrão era açoitado e entregue ao ofendido como escravo; a insolvência de devedores que respondiam com a sua liberdade pelas dívidas podendo ser vendidos como escravos pelos credores; manter a mulher livre relações com escravo; os filhos tidos por mulheres escravizadas.

Além desses casos como o cidadão romano não podia ser açoitado nem condenado à pena de morte primeiramente deveria ser condenado à escravidão, para então receber tais punições.

Desde então estes princípios regularam as atividades de outros povos caçadores de escravos, dando-lhes a faculdade de dispor dos prisioneiros escravizados como bem lhes aprouvesse, de maltratá-los e até matá-los impunemente.

Esse comportamento foi repetido na África: os portugueses copiaram o modelo da escravidão de árabes e sarracenos propiciando um novo e gigantesco mau exemplo histórico que cresceu e se desenvolveu – e envolveu as grandes potências marítimas dos séculos XV e XVI: Inglaterra, França, Espanha, Holanda, Portugal e outras nações arrastadas pelas rendas que o mercado de carne humana oferecia.

Não foram somente as guerras que criaram a escravidão – mais propriamente a escravidão militar – mas também as religiões. As vitórias do islamismo, por exemplo, deram como resultado o estabelecimento definitivo do tráfico pelo extremo nordeste do continente africano. Como a conquista era fácil esses invasores tiraram proveito das vitórias estabelecendo o monopólio do comércio do interior e o tráfico de escravos destinados a suprir o sul da Ásia e grande parte do Mediterrâneo oriental. Esse comércio foi ampliado com a expansão do Islã por todo o norte da África. O tráfico externo teve então dois vastos emontórios: o do leste – pelo mar Vermelho – e o do norte – pelo deserto até o Maghreb.

No princípio do século XV puseram-se os primeiros navegantes cristãos em relações com os habitantes da costa africana do oeste. Alguns aventureiros portugueses internaram-se no continente: subiram os grandes rios – e se encontraram com mercadores e traficantes árabes cientes da situação dos nativos escravizados.

Referem todos os cronistas portugueses que o primeiro lusitano a levar para o reino alguns negros do Senegal fora Gil Eanes de Azorara. Admite-se que antes de 1432 não se conheciam na península ibérica escravos africanos fixando-se que somente depois de meados do século XV começou sua introdução, numa fase de ensaios dessa exploração e ainda sem os contornos da especulação mercantil. O tráfico efetivo data dessa época em diante. Primeiro tentam-se experiências na ilha da Madeira e em Porto Santo; em seguida levam-se os negros para os territórios nos Açores, logo depois para Cabo Verde e por último para o Brasil.

Nenhum princípio histórico sancionado pelo direito costumeiro ou escrito, moral ou religioso, sancionava a escravidão dos negros africanos que viviam pacificamente nas suas tabas, ou dispersos em correrias nômades sem constituírem ameaças aos povos "civilizados". Para legitimar a escravização dos africanos esses Estados criaram o princípio hediondo, imoral e mentiroso do "resgate" – um *resgate* de morte e de cativeiro de inimigos imaginários e que significava sentença definitiva de escravidão. Inventou-se o princípio para justificar o negócio.

Cultivada e legalizada em Portugal e na Espanha a escravidão de árabes e sarracenos em represália a igual procedimento destes contra os prisioneiros cristãos, não é de admirar que a invasão da costa ocidental da África, os feitos dos navegadores, as glórias da Escola de Sagres – enfim: todas as grandes realizações dessa gente – tivessem como razão objetiva o lucrativo e amoral negócio da escravidão.

Foi assim que a sede riquezas de uma gente perdulária levou o reino de Portugal – pequeno país situado na extremidade sul do continente europeu e espremido entre a Espanha e o Oceano Atlântico – a procurar na vastidão das águas o campo maior para o alargamento das suas ambições.

Após longa luta pela sua liberdade e independência, a gente portuguesa não se conteve no minúsculo território que mede – na sua maior extensão de norte a sul – pouco mais de quinhentos e sessenta quilômetros, e na maior largura menos de dois quintos da sua extensão. A população que compunha a nação portuguesa colonial – cedendo às tentações da vida fácil a expensas do trabalho alheio – não parecia preocupada com as implicações futuras da sua política expansionista: desafiando os mares e escrevendo com sangue a história das "descobertas", as conquistas lusitanas alcançaram a Ásia, a Oceania e a América.

Depois da chegada do europeu à América como "descobridor" em 1492 começava o negócio de importação dos negros pelos nobres senhores de terras do Novo Mundo – trazidos como poderosos instrumentos de trabalho. A argumentação que fundamentava essa prática atendia aos interesses dos invasores: assim como para justificar o cativeiro dos índios os tais "fidalgos" diziam ser estes mais fortes que os europeus, também para escravizar os negros alegavam ser melhores para o trabalho que os índios. Esse pretexto foi a base principal da 'cadeia produtiva' do Estado colonial português que incluía o apresamento, o tráfico e a exploração do trabalho das "peças" africanas.

Na perspectiva dos colonizadores o novo mundo deveria ser explorado em todos os aspectos, como fonte supridora da necessidade de riquezas fáceis sentida na Europa. Para essa gente nada mais natural que o emprego do trabalho escravo. De nativos e africanos. Afinal, a nobreza que governava o mundo ocidental gozava do privilégio de ser ociosa: para as agruras de todos os serviços, somente seres inferiores – aí incluídos todos que não tivessem a pele branca.

Foi assim que a sociedade colonial portuguesa herdou concepções medievais de organização e hierarquia, mas acrescentou-lhes sistemas de graduação que se originaram da diferenciação das ocupações, raça, cor e condição social. As distinções essenciais entre fidalgos e plebeus tenderam a nivelar-se, pois o mar de indígenas que cercava os colonizadores portugueses e espanhóis tornava todo europeu, de fato, um gentil-homem em potencial.

A disponibilidade de índios como escravos ou trabalhadores possibilitava aos imigrantes concretizar seus sonhos de grandeza. Oprimindo índios o colonizador podia desfrutar de uma vida verdadeiramente nobre: o gentio foi transformado num substituto do campesino, um novo estado que permitiu uma reorganização de categorias tradicionais, além do fato das diferenças étnicas, religiosas e fenotípicas entre nativos, africanos e europeus viabilizar oportunidades para novas distinções e hierarquias baseadas na cultura e na cor da pele.

Historiadores americanos asseguram que o venerando Padre Bartolomeu Las Casas – Bispo de Chiapa – foi o introdutor do comércio de escravos negros na América. Aliás, esse fato não causa surpresa diante do que se conhece acerca do pensamento dos seus contemporâneos sobre um negócio tão rendoso. Esse frade desembarcou na América Central em 1502 e dedicou sua vida a defender os nativos americanos e a denunciar a barbárie dos espanhóis seus conterrâneos.

Testemunha direta ou indireta de uma onda de selvageria, ele relata no seu livro '*Brevíssima Relação da Destruição das Índias*' uma das distrações macabras dos invasores espanhóis: "Faziam apostas sobre quem, de um só golpe de espada, fenderia e abriria um homem pela metade, ou quem, mais habilmente e mais destramente, de um só golpe lhe cortaria a cabeça, ou ainda sobre quem abriria melhor as entranhas de um homem de um só golpe".

A importação de escravos africanos pelos espanhóis foi também uma necessidade imposta pela cruzada de extermínio contra os nativos da América. A dúvida é saber quantos morreram e, até mesmo, quantos havia no hemisfério antes da chegada de Colombo. Não há números precisos. As estimativas mais baixas rondam os 10 milhões de indígenas para as Américas; as mais altas, de 95 a 110 milhões. Alguns pesquisadores acreditam que pelo menos metade dessa população foi varrida por epidemias introduzidas com a chegada dos espanhóis (sarampo, tifo, varíola e escarlatina) ou pela lâmina das espadas.

Sobre a ação nefasta desses invasores escreveu o padre Bartolomeu de Las Casas: "Podemos dar conta boa e certa de que, em quarenta anos, pela tirania e pelas diabólicas ações dos espanhóis, morreram injustamente mais de 12 milhões de pessoas, homens, mulheres e crianças".

Outro relato de um contemporâneo da invasão – o espanhol Gonzalo Fernandez de Oviedo – reflete o pensamento dos colonizadores sobre a conquista das Américas pela Europa encharcada pelo sangue de milhões de indígenas chacinados com frieza e até desdém.

Oviedo disse que "o Almirante Colombo encontrou quando descobriu esta ilha de Espanhola, um milhão de índios, dos quais, e dos que nasceram então, não creio que estejam vivos, no presente anos de 1535, quinhentos, incluindo tanto crianças como adultos, que sejam naturais, legítimos e da raça dos primeiros índios. Alguns fizeram esses índios trabalhar excessivamente. Outros não lhes deram nada para comer, como bem lhes convinha. Além disso, as pessoas desta região são naturalmente tão inúteis, corruptas, de pouco trabalho, melancólicas, covardes, sujas, de má condição, mentirosas, sem constância e firmeza, que vários índios, por prazer e passatempo, deixaram-se morrer com veneno para não trabalhar. Outros se enforcaram pelas próprias mãos. E quanto aos outros, tais doenças os atingiram que em pouco tempo morreram. Quanto a mim, eu acreditaria antes que o Nosso Senhor permitiu, devido aos grandes, enormes e terríveis pecados dessas pessoas selvagens, rústicas e animalescas, que fossem eliminadas e banidas da superfície terrestre".

Nas possessões espanholas, a importação dos escravos foi expressamente autorizada nas instruções régias dadas ao governador Nicolau Orvando, em 1550, com uma cínica ressalva: contanto que fossem os escravos nascidos em poder de cristãos.

Os espanhóis – mesmo sem dispor de fontes próprias de abastecimento de trabalhadores escravos – desde 1502 já faziam comércio de escravos negros, que em 1503 passaram a ser importados em S. Domingos. Também Sevilha – alimentada pelos portugueses – abastecia os territórios espanhóis. Em 1511 o rei espanhol Fernando – ao mesmo tempo em que supostamente adotava providências para melhorar a sorte dos índios – favorecia a introdução de escravos de Guiné e até queria que eles fossem importados nas colônias, designadamente em Espanhola, "em grande número".

Os nobres conquistadores espanhóis – a exemplo de seus irmãos lusitanos – adotaram efetivamente o comércio de escravos como solução para o aproveitamento das terras tomadas aos nativos. Em 1517 Carlos V alargou essa permissão autorizando o tráfico dos escravos negros da África como os mais robustos e aptos para certos serviços e trabalhos, preferíveis mesmo aos índios; e deu patente a um fidalgo holandês para importar anualmente 4.000 escravos. O concessionário transferiu o benefício, mediante o pagamento de 25 mil ducados, a um governo com jeito e aptidão para o ofício de traficante negreiro. Não houvera antes tanto método e regularidade nessa revoltante exploração do homem pelo homem.

O governo da Espanha contratou por vezes o fornecimento de escravos às colônias mediante vantagens pecuniárias que retirava: o indivíduo ficava autorizado pelo Estado a exportar negros mediante pagamento de um imposto previamente fixado pelo rei. Esse tipo de contrato foi chamado de *asiento*. A norma foi adotada pelos ingleses – que também tiveram os seus *asientistas* – e portugueses que se estabeleceram em Assentos, nome dado ao monopólio do comércio de escravos africanos, outorgado a uma nação ou a um particular. Ao lado desse comércio com privilégio oficial havia o contrabando exercido pela pirataria ocidental. Moralmente assentistas e flibusteiros estavam no mesmo nível; porém o tráfico não arrancava protestos dos civilizados: era uma atividade lícita!

O comércio dos africanos se fez em 1521 em Cuba, em 1620 na Virgínia; em 1650 nas Antilhas Francesas, introduzidos pelas metrópoles mediante seus esforços.

Entre os povos que contribuíram para a disseminação da escravidão na cultura ocidental é indispensável fazer justiça aos ingleses – a quem cabe a primazia como vanguardeiros do tráfico e do comércio de escravos, autorizado desde o reinado de Eduardo VI e começado no século XVI, no governo da rainha Elisabeth I – a quem os historiadores ingleses acusam de ter tomado parte diretamente nesse negócio.

O envolvimento da coroa inglesa na escravidão negra foi intenso, desde o início: o primeiro inglês que empreendeu o comércio de escravos recebeu o título de '*baronnet*' – e passou à história como um dos mais destacados cidadãos da Inglaterra: *sir* John Hawkins. Essa criatura irrompeu nas costas da Guiné em 1567 – à época viveiro inexaurível de escravos – aprisionando muitos negros e conduzindo-os para São Domingos. O lucro da empresa animou o pirata a outras incursões. Os seus compatriotas não lhe quiseram mal por isso: o tráfico estava legitimado, John Hawkins recomendou-se à estima pública e viu-se, afinal, baronete! O governo britânico só iria combater a escravidão após ter acumulado seus tesouros e povoado suas colônias ao custo da vida e da liberdade de povos africanos.

É verdade que o tráfico proporcionava lucros aos assentistas, mas por outro lado oferecia perigos à tranquilidade ultramarina dos dinastas que o autorizavam. As companhias de negreiros alcançaram tal preponderância em algumas colônias da América Espanhola que anularam os representantes da metrópole; daí a abolição dos Assentos em 1580. Como o tesouro público nas mãos de perdulários sempre se encontra em dificuldades – e havia a necessidade de pagar os empréstimos tomados aos bancos genoveses para a construção da armada invencível – Felipe II restabeleceu os Assentos para outorgar o monopólio do tráfico de africanos, de 1595 a 1600, a Gomes Angel. Expirado esse prazo coube a exclusividade da concessão ao português João Rodrigues Coutinho, governador de Angola, com a obrigação do transporte anual de 4.520 escravos e a responsabilidade do cano de 162.000 ducados. Com a alteração do prazo, número de peças e de estimativa, Coutinho passou o contrato em 1623 a Manoel Rodrigues Lamego; em 1631 a Cristovão Mendes de Souza e Melchior Gomes Angel. Couberam aos dois últimos assentistas os percalços desse execrável comércio no auge da luta entre a Holanda e a Espanha.

É fato conhecido: a melhor fonte de rendas da holandesa Companhia das Índias Ocidentais era a pirataria. De 1623 a 1636 apresaram os holandeses 567 navios espanhóis de grande e pequeno porte. Essa companhia era especializada no comércio dos carregamentos dessas embarcações, despojos dos roubos e saques nos territórios invadidos: os negros encontrados a bordo dos veleiros capturados tornavam-se propriedade da Companhia das Índias Ocidentais – que os vendia.

Em 1662 os espanhóis renovaram os assentos de 1692 a 1701 passando a exercer o privilégio do tráfico a Companhia Portuguesa da Guiné, a qual se obrigou a fornecer 10 mil toneladas de africanos. Mas como parecesse então "difícil determinar-se assim a quantidade das peças" anulou-se o ajuste por meio de um entendimento entre o rei de Portugal e o de Espanha.

Os espanhóis importaram essa "mercadoria" dos portugueses mantendo relações de intenso tráfico até 1701 quando cessaram mediante o tratado celebrado entre Felipe V de Espanha e D. Pedro II de Portugal. Passaram à França pelo tratado de 27 de agosto de 1701 que conferiu o monopólio por 10 anos (1702 a 1712) à Real Companhia de Guiné. A empresa beneficiária obrigava-se a introduzir anualmente nas possessões espanholas 4.800 "peças" de ambos os sexos pagando o governo espanhol 33 escudos per capita.

Pelo tratado de 1701 os reis da Espanha e da França tinham cada um direito a um quarto sobre os valores do negócio. Esse acordo cessou em 1712. A nova relação comercial mantendo o direito a um quarto sobre as especulações com essa mercadoria foi estabelecida entre os reinos da Inglaterra e Espanha mediante pacto firmado em 26 de março de 1713 para abastecer de escravos as colônias espanholas durante trinta anos, o que foi confirmado pelo tratado preliminar de paz de Madri e no de Utrecht aos treze de junho do mesmo ano.

Findando em 1743 esse prazo a Inglaterra esteve a ponto de atear a guerra na Europa por se recusar a Espanha a prorrogá-lo, o que só terminou com o tratado de 5 de outubro de 1750. Ainda em 1776 Lord Dartsmouth respondeu ao agente colonial da América do Norte que representava contra a importação de escravos nas colônias dizendo que "não se podia conceder às colônias que paralisassem e desanimassem por qualquer forma um comércio tão proveitoso à Inglaterra". Em 1799 foi rejeitado no Parlamento inglês um ato legal proibindo o comércio de negros aos ingleses; e oito vezes desde 1787 foi apresentado e rejeitado um ato de abolição do tráfico – mas que só seria aprovado em 1807!

É difícil fixar sem controvérsia o primeiro porto de desembarque do escravo africano no Brasil, ponto obscuro na história da escravidão tanto pela obra dos contrabandistas como pela falta de documentos alfandegários dos principais portos de desembarque.

O Visconde de Porto Seguro na sua *'História Geral do Brasil'* informa que Martim Afonso de Souza, em 1531, desembarcou na Bahia alguns escravos encontrados na caravela Santa Maria do Cabo que aprisionou e incorporou à sua esquadra e também na cultura da cana de-açúcar que introduziu na capitania de São Vicente, da qual fora o primeiro donatário e onde desembarcou em 20 de janeiro de 1532.

Acredita-se que os primeiros escravos introduzidos no Brasil foram trazidos da Guiné por vota de 1538. O forte da ilha de Arguim – na Guiné – construído desde 1452 facilitava e assegurava as relações comerciais dos portugueses e foi seguido de outras fortificações. Pouco depois se iniciava a remessa direta de escravos para o Brasil: os primeiros negros da Guiné che3garam em 1538 trazidos num navio pertencente a Jorge Lopes Bixorda, arrendatário da colônia.

Duarte Coelho, donatário da capitania de Pernambuco, também se interessou na importação de tais "peças" – conforme relata o africanólogo português Renato Mendonça em *'A influência Africana no Português do Brasil'* – e escreveu ao rei de Portugal em 1539 "rogando isenção de direitos para aquela mercadoria".

É incerto se houve entradas de escravos no Brasil antes de 1538 apesar de D. João III, nas doações em que foi dividido o território (1532-35) conferir aos donatários poderes extraordinários – mesmo de morte – sobre os escravos o que faz supor a existência de escravos africanos no Brasil desde essa época e trazidos pelos donatários: os registros sobre a entrada desabusada e franca começam com o ciclo do açúcar em Pernambuco.

A CONQUISTA NA ÁFRICA

"Com os olhos secos/— estrelas de brilho inevitável/através do corpo através do espírito/sobre os corpos inânimes dos mortos/sobre a solidão das vontades inertes/nós voltamos"
Agostinho Neto, *Com os olhos secos*

A presença dos portugueses na África tem registro desde meados de 1430. Lá, o europeu incentivava astuciosamente as diferenças tribais, fomentando rivalidades entre grupos. Depois, adquiria os prisioneiros feitos por ocasião dos conflitos, negociando com exploradores de toda espécie a aquisição de seres humanos para o trabalho forçado.

Após os barcos e veleiros saídos de estaleiros improvisados realizarem o contorno das terras africanas balizando a sua costa e estudando as reentrâncias das baías, istmos e penínsulas, o rei D. João II determinou a seus vassalos a penetração do continente e a submissão das nações que o habitavam organizando poderosa armada sob o comando do fidalgo e "lobo dos mares" Diogo Cão.

Tudo nesse empreendimento foi previsto: até o número de condenados degredados que deveriam ser deixados em terra para entrar em contato com os povos nativos e aprender-lhes a língua e os costumes. Esse era um pequeno sacrifício que o reino português exigia dos súditos já sacrificados. Afinal, não iriam morrer eles sem glória e sem nome como condenados pelo Estado?

Em troca dos condenados – malfeitores transformados em "embaixadores" do reino português – deveriam ser levados para Portugal os negros que caíssem nas mãos dos invasores para que fossem "educados"; isso na verdade significava serem enganados acerca das reais intenções da súcia de nobres, padres e demais malfeitores interessados no tráfico humano. Depois esses africanos eram recambiados aos seus territórios para facilitar e dar cobertura às operações de conquista deixando-se seduzir pela aliança forte e poderosa.

A chegada dos colonizadores significava destruição completa para os nativos da África – o provável berço da humanidade, segundo recentes estudos. Os africanos apresados eram obrigados a trabalhar nas plantações canavieiras das ilhas do Atlântico. À época da descoberta do Brasil, Portugal já vivia da exploração de colônias na África, Ásia e no Atlântico. Seu caráter já amolecera na aventura da escravidão. Luís de Camões – que via muito bem com seu único olho – se lamentava de ver sua pátria mergulhada "no gosto da cobiça e na rudeza/de uma austera, apagada e vil tristeza".

Em 1441, Antão Gonçalves levou a D. Henrique dez negros que trocara por dez mouros colhidos na costa da África. Com mais alguns capturados na ilha de Arguim foram eles os primeiros negros transportados diretamente para Portugal.

Relatou Gil Eanes Azorara, que além de chefe de expedições portuguesas que praticaram massacres nas terras africanas revelou pendores literários, manifestos em crônicas aduladoras, D. Henrique mostrou-se "ledo" ao ver os africanos. Não pelo número, acentuou o cronista, "mas pella sperança dos outros que podya aver".

No ano de 1444 fundou-se a Companhia de Lagos, cuja finalidade era intensificar o tráfico humano. A viagem inaugural do tráfico negreiro foi desta Companhia, sob o comando do nobre lusitano Lançarote: a expedição de seis caravelas aprisionou 235 nativos africanos.

No fim do século, Portugal recebia em média 12.000 escravos por ano, provenientes a princípio de Guiné, São Tomé, Príncipe e mais tarde, de Angola, Moçambique e demais regiões africanas. A escravidão tornara-se a mais próspera indústria do país.

Essa aliança cúmplice entre escusos interesses tribais, interesses comerciais e interesses eclesiais determinaria a espoliação do continente americano dos habitantes nativos e sua colonização sob o estigma do mais vil e bárbaro modo de subjugação do ser humano: a escravidão.

E assim se fez – segundo velha narração portuguesa transcrita de Alberto Lemos que faz o registro do documento original em *História de Angola*, volume I, 1462 a 1864:

"Primeiramente no ano de mil e quatrocentos e oitenta e cinco, El-Rei D. João, o segundo de Portugal, cuja é a presente memória como grande católico, e mui solícito investigador dos segredos do mundo desejando prosseguir o descobrimento da Costa do Mar Oceano contra o Meio Dia, e oriente, que seus Antecessores de gloriosa memória, com muita lembrança do serviço de Deus e por honra, e maior exaltamento de sua Santa Fé, e por acrescentamento de seus Reinos, e Senhorios, primeiros que nenhuns do Mundo empreenderam, e começaram; enviou sua frota o dito ano à dita

Costa, armada e provida por muito tempo, como tal para tal auto, e tão longa viagem cumpria; e por Capitão Mor dela Diogo Cão, seu Cavaleiro, que por outra vez já lá fora também por seu descobridor. O qual discorrendo pela dita costa com assaz perigo e dificuldade aportou com a dita armada, ao dito Reino, e Terra do Congo que é afastado dos Reinos de Portugal mais de mil e setecentas léguas: onde por a distância ser já grande além da terra da Guiné, que já era descoberta, e sabida, se não puderam entender com as gentes do dito Reino que acharam sem conto; com quanto fossem de Línguas, e Interpretes desvairados mui bem providos. O qual capitão de indústria e ordenança d'El-Rei por segurar as ditas gentes, e lhes ganhar suas vontades, enviou ao dito Rei do Congo, que era bem pelo sertão, por Mensageiros Cristãos um rico presente de coisas desvairadas, notificando-lhes os homens de dita armada serem d'El-Rei de Portugal, que com todo o mundo tinha paz, e amizade, e assim mandava buscar a sua, por lhe dizerem o rei que era, desejando ter com ele, e com seu reino, e gentes dele, todo bom trato, e prestança. Apontando-lhes sumariamente os bens que a todos disso se podiam seguir. Os quais Mensageiros foram do Rei mui honradamente tratados, e recebidos com tanta, e nova alegria, que com o prazer, que com sua visita, e perguntas recebia não as deixava partir. E crendo já o Capitão pela grande tardança que faziam que deviam ser retidos, ou mortos, e vendo que os Negros da Terra se fiavam dele, e seguramente entravam já nos navios, determinou não esperar os Mensageiros, e partirem-se com alguns daqueles negros; e assim o fez; porque aqueles que sobre isto dele primeiro se fiaram, e vieram à frota, não os deixou mais sair em terra, e se veio com eles para Portugal, não os trazendo como cativos, mas com fundamento, e esperança, que depois de aprenderem a língua, costumes, intenção d'El-Rei, e do Reino de Portugal tornariam em suas terras, e por seu meio as coisas duma parte, e da outra se podiam bem comunicar; porque doutra maneira, segundo a diversidade da língua não era possível. E, porém antes que do dito porto o Capitão se partisse, assim o notificou às gentes da Terra, e prometeu que antes de passarem quinze luas, que é o modo porque entre eles se contam os tempos, tornaria com a Graça de Deus os que levava, ali donde os tomava vivos, e com muita honra e riqueza. E com isto segurou todo aquele tempo as vidas dos Mensageiros Cristãos, que assim ficavam em terra. Mas com tudo o dito Rei do Congo recebeu por isso algum sentimento, e crendo que aquilo poderia não ser verdade, e que acabado o tempo da esperança prometida havia de mandar matar os ditos Cristãos, posto que dantes folgasse muito com eles, não os quis mais ver. E com quanto os ditos negros foram assim tomados pelo Capitão fora da ordenança d'El-Rei, ele com tudo vendo-os nestes Reinos folgou muito com eles, especialmente porque alguns deles acertaram de serem homens fidalgos entre eles, e principais da Casa do Rei, e de muito boa, e natural descrição: aos quais mandou logo vestir de panos finos, e assim os tratar, e honrar de todos os de seu Reino, e da Corte em muito comprimento; e assim mesmo o foram do Capitão em toda viagem do mar. E depois de serem por alguns dias muito bem informados da santa intenção d'El-Rei para serem Cristãos, que era o só principal fim para que fossem tomados, e assim depois de com toda possibilidade lhe serem mostradas, e reveladas as coisas do Reino, e a maneira de nossa Fé, e crença, El-Rei houve por bem que se tornassem com o dito Reino do Congo. E para isso mandou armar sua frota, para que segundo sua ordenança houvesse de prosseguir o dito descobrimento de mais terras novas, e nelas se fossem, como foram; e os despediu de si com muito gasalhado e lhes fez mercê mui liberalmente daquelas cousas destes Reinos, em que eles tomaram mais prazer, e contentamento. E assim enviou por ele ao dito Reino do Congo sua Embaixada com um presente mui rico e de muitas coisas boas, e finas, e de muita valia, e lhe enviou oferecer amizade, e descobrir seu desejo, que era desejar sua salvação, por ser dele certificado que era Rei nobre, virtuoso e de grande poder, convidando-o com razões, e admoestações mui santas, e de grande devoção para a Fé de Nosso Senhor; encomendando-lhe renegasse os ídolos e feitiçarias que adoravam, e criam, e que não cresse, nem consentisse a algum seus neles crer, dando-lhe para isso aquelas razões chãs, e positivamente pudessem crer, e se devia dar para ele em alguma maneira melhor entender, e sentir. E tudo dito por termos assim brandos, que ele não se escandalizasse por a rudeza, e idolatria em que vivia; cá nisso teve grande resguardo e temperança"

"E o dito Rei do Congo, e toda a sua Corte, que é assaz grande, e honrada, com a vista dos seus Fidalgos, que para sempre havia já perdidos, e cativos sem esperança de vê-los, vindos em afeto e tão honrados, e retornados em tanta paz; saúde e segurança, houveram primeiramente todos muito prazer, e alegria, como se debaixo da terra os viram ressuscitar. E como a nova de sua tornada, de que todos desesperavam, e que logo com grande espanto se espalhou pelo Reino, sobrevinha tanta gente à Corte, que se não podia estimar, porque estes eram homens nobres, e mui conhecidos.

E o dito Rei com a dita Embaixada, e presente se havia por tão bem aventurado, que senão conhecia e mandava chamar os grandes Senhores seus vassalos para lhes dar parte de tanta glória fazendo àqueles seus Fidalgos, que de Portugal foram, que mui amiúde em público, e a mui altas vozes dissessem das virtudes bondades, e grandezas d'El-Rei, de seus Reinos de Portugal; e a honra, e humanidade com que os tratara; e as muitas, e mui grandes mercês com que os despedira: e assim o presente que lhe mandara; e a todos rogava em conclusão que por amor dele se alegrassem com tanta sua honra, e assim se fizessem como logo fizeram por reverência d'El-Rei de Portugal, muitas festas, e prazeres segundo seus costumes. E as palavras, e admoestações primeiras para a Fé de Jesus Cristo Nosso Senhor, que em seu coração logo recebe acerca dele de tanta razão, devoção e estima que além do público em que folgava de as ouvir, ainda depois em secreto gostava muito de lhas dizerem mais largamente, e com mais circunstâncias, as quais por graça divina lhe fizeram na alma tamanha impressão, que com o prazer que nisso levava, suspirando já por sua salvação, não dava lugar que o Embaixador de Portugal, nem sua frota partisse, por ter razão de sempre os ouvir. E depois de com muita graça, e fervor, mostrar desejo de querer ser Cristão, despedia o Capitão, e Navios, e neles tornou a enviar a El-Rei com sua Embaixada, e presente Caçuta, que primeiro a este Reino viera, homem mui principal, e a ele acertou, que depois de ser Cristão, houve nome de D. João da Silva, pessoa de bom natural, bom católico, e amigo de Deus".

A trama maquiavélica oculta nas expressões cinicamente escolhidas para disfarçar as verdadeiras intenções do "piedoso" rei português resultou na remessa de milhões de africanos a uma vida infernal sob a escravidão no Brasil. Com as bênçãos de papas da têmpera de Alexandre VI – o famigerado cardeal Rodrigo Bórgia – o reino de Portugal concretizou a conquista e escravização de povos livres. Despojados da sua humanidade foram reduzidos à condição de "peças" destinadas à exploração nos trabalhos forçados, servos de todos os serviços, sujeitos a todas as humilhações, submetidos a todas as atrocidades até aquelas impensáveis e inimagináveis. Esse triste conluio entre a miséria moral da corte portuguesa e a decadência e sujeição dos régulos africanos se revela com clareza na parte final do documento transcrito e que trata da atitude do tal "Rei do Congo":

"O presente do dito Rei do Congo para El-Rei, era de dentes de elefantes, e coisas de marfim lavradas, e muitos panos de palma bem tecidos, e com finas cores. A sustância de sua Embaixada foi: beijar-lhe as mãos pelo cuidado que tivera não somente de lhe honrar o corpo em sua vida, mas ainda por lhe aconselhar, e procurar depois da morte a salvação para a alma; e que ele em sua vontade havia El-Rei por tão bem aventurado, e de tanto coração, e saber, que ele havia por sua boa ventura reger-se por suas leis, e sobre sua fé para ela o criara; e que não podia ser, que o Criador criara coisa tão grande, tão boa, e tão perfeita, como ele era para condenar: e que, portanto qual lhe pedia mercê e requeria da parte de Deus, que com aquilo para que com tanto amor, e devoção o convidara, que era a Santa água, não lhe tardasse mais; e que queria para isso, pois a distância entre eles era tamanha, que em pessoas se não podiam ver, e ele não devia deixar seus Reinos em desamparo, lhe enviasse Frades, Clérigos e outros Ministros do Ofício Divino, para de suas mãos ele, e os de seus Reinos receberem com a graça de Deus sua Água de Saúde".

O episódio da escravidão africana repetiu no continente americano o triste trajeto desse modo perverso de exploração do homem pelo homem: a união dos interesses econômicos do Reino de Portugal e da Igreja Católica não foi a primeira experiência de degradação da dignidade humana camuflada pela hipocrisia, mal-disfarçada sob o manto de uma fé insana, arrogando-se o direito de apropriar-se de seres humanos – muitas das vezes atraindo-os mediante exibições de força e ostentação de poder – ou intimidando e ameaçando para logo depois escravizá-los, submetê-los e reduzi-los a condição inferior à dos seres irracionais.

O fidalgo Diogo Cão, um tipo que parece ter feito jus ao nome, cumpriu galhardamente a missão recebida de seu rei e regressou a Portugal levando numerosa "embaixada" de negros escolhidos na corte congolense, que incluía o negro Caçuta, filho do tal "rei" para serem "instruídos na religião católica segundo os costumes da corte lusitana": estava ganha a primeira batalha pelos portugueses.

A expedição de retorno com a embaixada negra foi uma expedição de conquista. Compunha-se de uma armada de três navios sob o comando de D. João de Souza, outro ilustre membro dessa corte nefasta, designado como "diplomata" e ambicioso do título de vencedor. A sorte, porém não lhe foi favorável: o fidalgo morreu de peste durante a viagem e foi substituído pelo seu sobrinho Rui de Souza, que também fez jus à cruel tradição da sua gente.

A 29 de março de 1491 a armada chegou ao Congo e assim teve início a colonização africana em Angola – um dos reinados vassalos do Congo – sob imponentes festas e missa campal realizada a 3 de abril, com toda a tripulação desembarcada participando da homilia.

Para compreendermos o caráter e a moral desses colonizadores, basta lembrarmos antigo ditado português: "cada um é como Deus o fez – mas alguns se tornam ainda piores". Em seguida à celebração religiosa consumou-se a posse pacífica do território, futuro mercado de carne humana, triste concorrente no mercado do tráfico de escravos que iria competir com os árabes que dominavam as margens do Mar Vermelho. Todos esses povos demonstraram com suas atitudes que o entendimento é limitado – mas a ignorância não tem fronteiras.

Em 1513 as relações comerciais entre negros e brancos nos territórios invadidos pelos portugueses na África foram regulamentadas pelo rei Dom Manoel – apelidado "o venturoso" – que oficializou o resgate de negros estabelecido pelos negociantes e baixou o seguinte *Regimento* a Simão da Silveira, seu representante junto ao então governante negro das futuras colônias:

"Logo desde que chegardes, começareis a negociar com El-Rei o mais honestamente que vós poderdes, o aviamento da tomada dos navios que levais e carga que para ele vos há de dar, dizendo-lhes como nós vos enviamos com os ditos navios os quais se não puderem escusar para gasalhado da gente e de todas as coisas que levastes, nos quais, e assim nos fretes e mantimentos e soldos, nós gastamos muito: e que por isso, não seria razão os navios se tornarem de vazio; e que posto que o nosso principal fundamento seja servir a Nosso Senhor, e a ele fazer prazer, como rei cristão a que temos muito amor, vós, como de vosso, lhe lembrareis e ele nisso deve fazer, e trabalhareis como logo se comece a entender nos carregados navios e do que ele para isso houver de dar, assim de escravos, como de cobre e marfim; e tudo isso lhe direis como de vosso, sem lhe dizerdes coisa alguma de nossa parte, trabalhando, o mais honestamente que vós puderdes, como destas coisas venham o melhor carregados de escravos e das outras coisas o que bem se puder fazer, não se detendo os navios por elas, dizendo-lhe que, se em sua terra se resgatassem escravos, levareis mercadorias para se resgatarem".

O rei português aparentemente ignorava que a injustiça é a ruína infalível dos impérios. Estabeleceu-se assim oficialmente o tráfico dos negros iniciado pelos comerciantes da região do rio Zaire e pelos missionários católicos em benefício das suas ordens religiosas. Nessa época os portugueses traficavam intensamente. Os navios levavam mercadoria de toda espécie e voltavam carregados de carne humana viva que seria destinada a mercados distantes.

A divisão entre as várias tribos facilitava a caça ao negro pelo sertão africano e todo negro que caía no laço português – fosse "plebeu" ou de "família real" – era vendido como simples animal. Rapidamente a ocupação do território que receberia a denominação de Angola garantiu o florescente tráfico negreiro estabelecido naquele sobado do qual tomavam parte: o rei, o cardeal, a corte, os grandes senhores e os padres, unidos pela ambição amoral. Dos produtos da terra quase nada saiu para os mercados portugueses, a não ser marfim em quantidade reduzida e de valor intrínseco pouco apreciável à época diante da preciosidade dos animais humanos.

Numerosas tribos dos ambundos e mbundos viviam reunidas no sobado do Dongo, um dos mais importantes da região ao sul do reinado do Congo. O seu chefe era o soba N'gola, de cujo nome mais tarde se tirou a designação de Angola para a região ocupada por essas tribos.

Em 1520 o rei Dom Manoel – cuja ambição somente poderia ser superada pelo seu cinismo – ordena o "descobrimento" do território até o Cabo da Boa Esperança encarregando dessa empresa o capitão Manoel Pacheco, com o seguinte regimento:

"Onde achardes que há ouro, prata ou quaisquer outros metais fazei por saber o nascimento deles e a valia que têm, e as mercadorias por que os dão... E tudo poreis em memorial: e quando a coisa valer mais e cá for mais estimada tanto menos lhe dareis a entender que a estimais para a não encarecerem".

Começou aí a história da colonização de Angola conciliando interesses de religiosos católicos, militares, comerciantes, sobas e régulos unidos pelo espírito e pelo estômago. Esses personagens estabeleceram um sistema de '*armações*' e '*resgates*' digno da sua auto proclamada civilização. Fazer *armação* significava armazenar mercadorias levadas de São Tomé ou da metrópole e destinadas a serem permutadas por escravos, marfim e metais; quando se tratava de escravos a permuta tinha o nome de *resgate*.

Os escravos não recebiam denominação individual: eram indicados pela palavra *peça* – significando uma unidade de volume na linguagem comercial. Reconhecendo que o negócio era rendoso determinou o rei português que ele só se pudesse fazer mediante licenças pagas. Por vezes davam-se essas licenças como recompensa de serviços prestados.

D. João III e os membros da família real exploraram armações e resgates em sociedade com várias pessoas. É típico dessa prática o contrato feito em 1546, entre o infante D. Henrique – depois cardeal-rei – e o traficante negreiro Diogo do Soveral para montar armação e estabelecer resgates no rio Longa: dois terços do produto líquido dos escravos, marfim, metais e outros artigos de valor pertenceriam ao infante; o terço restante a Soveral. A sociedade era muito vantajosa para o futuro cardeal-rei – que entrou no negócio sem a necessidade de investir qualquer capital.

À sombra do poder do Estado e do cardeal-rei o comércio de seres humanos se desenvolveu e teve o apoio da família real empobrecida e perdulária, de toda a corte gananciosa, dos padres e suas ordens ambiciosas: em 1575 desembarcava em Luanda o capitão Paulo Dias de Novais para finalizar o processo de conquista implacável de Angola, sob o fio da espada abrindo um novo ciclo de lutas, sangue e morte.

A COLONIZAÇÃO DO BRASIL

"Lembro-me dos caminhos que ninguém pisou/ ouço as vozes longínquas/ dos homens que não cantaram/ recordo dias felizes que não vivi/ existem-me vidas que nunca foram/ vejo luz onde só há trevas.
Agostinho Neto, *Desfile de sombras*

O empreendimento escravista cresceu de tal forma que cerca de um século após iniciado, o flamengo Nicolaus Cleynaerts, humanista que se encontrava na corte portuguesa como preceptor dos filhos de D. João III, fez as seguintes observações a respeito do reino ibérico: "Tudo ali pulula de escravos, todos os trabalhos são executados por negros e cativos, dos quais Portugal está tão cheio que, segundo creio, existe em Lisboa mais escravos e escravas dessa espécie do que portugueses livres."

À época da colonização do Brasil os interesses econômicos e ideológicos dos portugueses – "a dilatação da Fé e do Império" – e segundo Camões não estavam voltados exclusivamente para o Oriente fértil das ricas especiarias, sedas, objetos de valor como tapetes, perfumes, produtos medicinais. Vasco da Gama retornara da Índia com um carregamento de pimenta que permitiu lucros de até 6.000%, quando vendido na Europa. Mas no seu *Diário de Viagem* ele contava ter percebido sinais seguros da existência de terras a oeste de sua rota. A Espanha já tinha descoberto novos mundos na sua tentativa de chegar ao oriente navegando sempre para ocidente. E Portugal já tinha assegurado para si uma parte desse território, com a *Capitulação da Partição do Mar Oceano*, mais conhecida como *Tratado de Tordesilhas*, assinado entre as duas potências de então, em 1494.

A armada chefiada pelo Almirante Pedro Álvares Cabral oficializou a conquista das terras brasileiras para o reino português. Não é absurdo supor que Cabral recebera orientação no sentido de afastar-se ao máximo da costa africana podendo confirmar a existência dessas terras e delas tomarem posse. Essa seria outra tarefa de sua expedição. O descobrimento do Brasil é apenas um episódio da expansão marítima européia, no momento da transição do feudalismo para o capitalismo.

Os relatos dos primeiros exploradores, como o escrivão da frota de Cabral, Pero Vaz de Caminha nos permitem avaliar as transformações provocadas nos primitivos habitantes pela ação dos conquistadores:

"Parece-me gente de tal inocência que, se homem os entendesse e eles a nós, seriam logo cristãos. Porque eles, segundo parece não têm nem entendem nenhuma crença. Eles não lavram nem criam. Não há aqui boi nem vaca, nem cabra, nem ovelha, nem galinha, nem outra nenhuma alimária que acostumada seja ao viver dos homens, nem comem senão desse inhame, que aqui há muito e dessa semente e frutos que a terra e as árvores de si lançam. E, com isto, andam tais, e tão rijos, e tão nédios, que o não nós tanto, conquanto o trigo e legumes comemos... (Nos) pareceu a todos que nenhuma idolatria nem adoração têm".

As práticas mercantilistas e a predominância dos interesses econômicos sobre os aspectos religiosos e ideológicos se refletem até no nome definitivo que a terra ganha, provocando protestos do cronista João de Barros: "Por artes diabólicas se mudava o nome de Santa Cruz, tão pio e devoto, para o de um pau de tingir panos".

O início da colonização das terras brasileiras se deu sob o reinado de D. João III, conhecido como *O Colonizador* em razão das expedições que organizou. Em 1530 uma nova esquadra veio para o Brasil sob o comando de Martim Afonso de Sousa, com instruções similares àquelas emitidas aos navegadores que o antecederam: as suas cinco embarcações explorariam o litoral compreendido entre o Maranhão e o Rio da Prata, capturando os contrabandistas encontrados ao longo da Costa do Pau-Brasil.

Eram mais amplos os objetivos específicos do Capitão: fundamentar a efetiva invasão da terra implantando núcleos de povoamento dos portugueses. Essa foi a primeira tentativa séria de colonização do Brasil. Dela fizeram parte seis membros de um dos principais ramos de uma das mais antigas famílias de Genova, os Adorno – exilados de Genova com a deposição em 1528 do doge Antoniotto II Adorno, aliado do rei da França, diante da armada do almirante Andrea Doria, a serviço do rei da Espanha. Antigos aliados dos portugueses os irmãos Adorno – Giuseppe (José), Paretino (Paulo Dias), Ambrogio (Diogo), Francesco Agostino (Francisco), Antonio e Raffaele – foram pioneiros na exploração da cana-de-açúcar na Ilha da Madeira e adquiriram do rei de Portugal o direito de instalar engenhos no Novo Mundo em troca do financiamento da esquadra de Martim Afonso de Sousa. Começava oficialmente a colonização do Brasil – e a participação dos primeiros imigrantes italianos.

Pero Lopes de Sousa, irmão de Martim Afonso, relata como foi escolhido o local do primeiro povoamento oficial da nova colônia, em seu *Diário de Navegação*: "A todos nos pareceu tão bem esta terra que o capitão determinou de povoá-la, e deu a todos os homens terras para fazerem fazendas: e fez uma vila na ilha de São Vicente e outra nove léguas a dentro pelo sertão, à borda de um rio que se chama Piratininga; e repartiu a gente nestas duas vilas e fez nelas oficinas, e fez tudo em boa obra de justiça."

Em meados de 1532 com a introdução no Brasil o cultivo da cana-de-açúcar e no seu desenvolvimento os colonos fixaram-se à terra, adquirindo glebas e se instalando com plantações e engenhos. Surgiram as duas primeiras vilas brasileiras no mesmo ano: São Vicente e Piratininga.

Desobedecendo às ordens reais as povoações não se localizavam na chamada *Costa do Pau-Brasil*: revelava-se a prioridade dos portugueses – que era a busca dos metais preciosos. A escolha do local para a fundação das vilas facilitava a procura das minas do Peru e do Paraguai, à época em conquista – a ferro e fogo! – pelos espanhóis chefiados por Francisco Pizarro, que destruiriam o Império Inca.

A sede da riqueza dos metais levou os lusitanos a explorarem o estuário platino, organizando entradas com destino ao interior, saindo de Cananéia e Guanabara. A entrada que partiu de Cananéia foi dizimada pelas populações indígenas da região do atual Paraná, mostrando que a dominação das novas terras não seria uma tarefa fácil.

Quem era a gente portuguesa que se propunha a empreender uma tarefa que não se apresentava como das mais fáceis? Àquela altura, segundo Fernando Palha, Portugal importava tudo, desde o pão que comia até a lã que fiava. Nenhum português queria fazer nada: "A prática bissecular da pilhagem no seu próprio país (os impostos escorchantes), a aventura oceânica e o tráfico negreiro, tudo isso minou a resistência moral do povo, dando-lhe até repugnância pelo trabalho."

Como o Brasil só era habitado por silvícolas, ninguém queria vir para cá – além dos que seriam proprietários das terras.

Francisco de Sá Miranda, grande poeta português, mas inegavelmente dominado pela ambição, refere-se ao fascínio das especiarias da Ásia e da África – que o Brasil não tinha – com estas palavras: "ao cheiro desta canela/o reino nos despovoa".

Antonio Ferreira, poeta renascentista, retrata bem o espírito da época em Portugal, a ambição do reino pelos metais preciosos: "tudo obedece a este só Tirano/Esta é a idade que chamaram de ouro/Tanto valho, Senhor, quanto entesouro".

Ainda sobre o caráter da nobreza e do povo português ao tempo da descoberta e exploração, fala melhor o holandês Cleynaerts. Diz ele que "se há povo algum dado à preguiça, sem ser o português, então não sei eu onde ele exista (...)". Esse Cleynaerts foi ainda mais direto em suas considerações:

"em Portugal somos todos nobres, e tem-se como uma grande desonra exercer uma profissão qualquer".

Outro que também se queixou do caráter dos compatriotas foi Diogo do Couto: "(é) muito antiga esta miséria portuguesa de não saber dar lugar às virtudes nem engrandecer honrosos pensamentos". Quanto à moral da nobreza – a começar pela família real, que tinha origem bastarda – era a pior possível. Frei Luis de Sousa disse que nela "o vício era posto a cavalo".

Revela Fernão Lopes que D. Pedro I (de Portugal) confessara um dia a Nuno Freire que alguém lhe dissera ter ele um filho de nome João que subiria muito alto, mas ele próprio não sabia qual fosse, pois tinha vários filhos com o mesmo nome, inclusive um deles com a bela Inês de Castro...

Apesar da ausência de ouro e prata, São Vicente adquire contornos definitivos com a instalação das primeiras unidades produtoras de açúcar – e passado um ano chegam as primeiras cabeças de gado provenientes de Cabo Verde. Logo ficou evidente a insuficiência dos núcleos isolados de povoamento para assegurar o domínio português. A maior extensão do litoral brasileiro continuava à mercê de incursões estrangeiras. É hora de D. João III mais uma vez justificar o cognome de *Colonizador*: seguindo conselhos de um descendente de colonos das ilhas do Atlântico, Cristóvão Jacques, do reitor da Universidade de Bordeaux e de outros destaques da corte, resolve programar a colonização. A tantos bons conselhos se acrescentou a cobiça, objetivamente: manter o monopólio oriental era muito dispendioso e a notícia da descoberta de ouro e prata na América Espanhola valorizou ainda mais o novo mundo.

A ocupação e colonização do Brasil era um imenso desafio para um reino de dois milhões de habitantes. A saída, como no caso do extrativismo vegetal do Pau-Brasil, foi transferir a particulares os encargos desse empreendimento. Baseando-se nas informações emitidas por Martim Afonso, foi estabelecida a divisão do litoral brasileiro em 14 faixas lineares – as Capitanias Hereditárias. Era a repetição da experiência realizada nas ilhas de Açores, Cabo Verde, Madeira, Porto Santo, São Tomé e Príncipe e no Território de Angola, no continente africano. As capitanias foram entregues a 12 membros da pequena nobreza – os donatários – dependentes do aparelho burocrático do Estado. Alguns nem vieram ao Brasil. O pequeno interesse e a ausência de significação econômica destes aventureiros evidenciam que a iniciativa privada não acreditava nas possibilidades da terra.

D. João III procurou incentivar os donatários concedendo-lhes amplos poderes, utilizando a ideologia feudal de prestígio e poder associados a extensos domínios territoriais: cada capitão era um rei. O Alvará de 5 de outubro de 1535 traduz os objetivos do reino português:

"Atendendo El-Rei a que muitos vassalos, por delitos que cometem, andam foragidos e se ausentam para reinos estrangeiros, sendo, aliás, de grande conveniência que fiquem antes no reino e senhorios, e, sobretudo, que passem para as capitanias do Brasil que se vão de novo povoar, há por bem declará-las coito e homizio para todos os criminosos que nela quiserem ir morar, ainda que já condenados por sentença até em pena de morte, excetuados somente os criminosos de heresia, traição, sodomia e moeda falsa. Por outros quaisquer crimes não serão de modo algum inquietados". Abriam-se assim as portas do Brasil para o ingresso de todos os criminosos do reino Português, perdoados e convertidos em colonos pela vontade soberana do rei.

O embasamento jurídico da ocupação da terra era garantido pela *Carta de Doação* e pelo *Foral*. A Carta cedia ao donatário uma propriedade de 10 léguas de terra ao longo da costa, em quatro ou cinco lotes, não sujeita a tributos, com exceção do dízimo. Sobre o território total da capitania, apenas a posse. Havia ainda os privilégios da montagem de engenhos, venda de 24 índios por ano em Portugal, redízima das rendas pertencentes à coroa, vintena do Pau-Brasil e dízima do quinto real sobre metais.

O Foral era uma espécie de código tributário, destinando os rendimentos dos produtos da terra ao donatário e os da produção do subsolo, mata e mar, cabendo à Coroa. Era ainda pelo Foral que o donatário concedia sesmarias, que não podia retomar – direito privativo do rei. Estabelecia ainda a liberdade de circulação de mantimentos e munições na capitania, definindo a responsabilidade de defesa da terra ao donatário e colonos.

Algumas das características desse processo de colonização são medievais: extensas faixas territoriais entregues a senhores que dispõem de poder absoluto sobre coisas e pessoas. Mas do feudalismo só tivemos alguns traços na estrutura política e jurídica do sistema das Hereditárias. A base econômica era a produção escravista e exportadora, concentrada no mercado externo. O trabalho nunca foi essencialmente servil nem a produção dominial, fechada. E a estrutura de clãs não era propriamente feudal, parental: limitava-se à existência dos laços familiares nobiliárquicos e do enorme poder militar e político dos senhores de terras e escravos.

Para coordenar as iniciativas de povoamento – então muito isoladas – D. João III criou o Governo Geral. Era sua função combater tribos rebeldes (de preferência aliando-se a outras), promover entradas à procura de riquezas; fomentar a construção naval (que garantiria a defesa contra ataques externos); incentivar a catequese e organizar os colonos na defesa do território, entre outros. Uma das promoções do primeiro governador-geral, Tomé de Sousa, foi a vinda de jovens órfãs que iriam constituir famílias católicas com os colonos.

O verdadeiro poder político da época estava nas unidades produtoras em mãos da classe proprietária. E a máquina governamental atendia a seus interesses.

A classe dominante colonial estava voltada para suas fazendas. Seu poder (e prestígio) estava nas câmaras, milícias e no clero. A civilização do mundo da cruz se impunha pelo arcabuz. Autênticos caudilhos, os senhores de escravos e terras, os homens bons conferiam vida às câmaras do período colonial, o que perduraria durante a época imperial. O povo não participava da administração nem dispunha de representação.

Foi nascendo um Brasil bem diferente daquele que sequer tinha esse nome. Nascia também uma nova sociedade, de poucos senhores e muitos trabalhadores, a maioria escravos. Surgiram pequenas vilas, grandes plantações, casas grandes das fazendas e fortificações. Os primeiros donos da terra se refugiaram no interior enquanto o litoral era transformado em canaviais.

Isso tudo não acontecia por acaso. A explicação do expansionismo europeu está no mercantilismo e suas práticas: com o desenvolvimento das muitas formas de acumulação de capital, foi acelerada a transição do feudalismo para o capitalismo.

A burguesia mercantil portuguesa (com apoio do Estado absolutista) se estabeleceu na Ásia e África, montando feitorias para a guarda do marfim, metais preciosos, especiarias, tecidos de luxo e homens escravizados. O negócio era excelente – para os mercadores, claro. A venda de tudo isso na Europa ou na colônia do novo mundo dava lucros fabulosos... E não precisava produzir nada: apenas fazer circular as mercadorias.

A simples existência de feitorias não se mostrou satisfatória na América. Para que as novas terras se tornassem um negócio ainda mais lucrativo, aumentando a acumulação capitalista, era imperioso produzir. E para isto, intensificar a colonização. A agricultura comercial foi uma das soluções, baseada na produção de gêneros tropicais, conforme as necessidades do mercado externo; o comércio determinando o empreendimento produtivo. A economia central (metropolitana) era complementada pela colônia.

Pero Magalhães Gandavo traçou interessante perfil da aristocracia da colônia em seus *'Diálogos das Grandezas do Brasil'*:

"Esses poucos povoadores que primeiramente vieram povoar o Brasil, a poucos lanços, pela largueza da terra, deram em ser ricos e com a riqueza foram largando de si a ruim natureza, de que as necessidades e pobreza que padeciam no reino os faziam usar; e os filhos dos tais, já entronizados com a mesma a riqueza e governo da terra, despiram a pele velha como cobra, usando em tudo de honradíssimos termos, como se ajuntar a isto o haverem vindo depois a este estado muitos homens nobilíssimos e fidalgos, os quais casaram nele, e se largaram em parentesco com os da terra, em forma que se há feito entre todos uma mistura de sangue assaz nobre".

A combinação desses elementos iria delinear o caráter do povo e a natureza da ocupação da terra deixando sequelas que subsistem ainda hoje. O processo de extermínio dos nativos coincidiu com a sua assimilação: os empreendimentos visando conquistar novas terras e busca de riquezas seriam impensáveis sem a participação destacada de mamelucos – filhos de brancos e seus "parentes" índios atraídos para a causa dos exploradores. Foi assim que a primeira entrada oficial com a incumbência de procurar esmeraldas foi chefiada por Antônio Dias Adorno, filho do primeiro casamento realizado no Brasil, na Bahia, oficiado pelo frade franciscano Diego Borba, membro da expedição de Martim Afonso de Sousa, unindo o genovês Paretino Adorno (que adotou o nome 'Paulo Dias Adorno'), mestre de armas da esquadra de Martim Afonso, com D. Felipa Álvares (filha de Diogo Álvares, o Caramuru e da índia Paraguaçu, batizada na França com o nome de Catarina, filha do cacique tupinambá Itaparica).

Conhecendo bem a língua e o costume do gentio Antonio Dias Adorno recebeu do governador Luís Brito de Almeida, que desempenhou suas funções de 1572 a 1578, a tarefa de procurar esmeraldas, indo desembarcar no Rio das Caravelas à frente de uma expedição de 150 portugueses e 400 índios. As peripécias dessa expedição foram narradas a Gabriel Soares de Sousa (autor do *Tratado Descritivo do Brasil*) e resultaram em algumas pedras que o governador mandou examinar em Portugal e no apresamento de milhares de índios.

Genericamente, por intermédio do sistema de capitanias foram consolidados os objetivos de colonização e posse da terra. É comum a avaliação do pouco progresso da colônia neste período responsabilizando os índios e seus ataques. Ora, a resistência à dominação portuguesa era a simples defesa da terra pelos seus legítimos proprietários. Isso além de disporem os invasores de superioridade militar. O problema maior: a falta de investimentos e a total ausência de interesse em estabelecer relações fraternas com os índios.

Houve variações nas formas dos esforços colonizadores nas Américas. Nas colônias tropicais de zona temperada se desenvolveram as denominadas colônias de povoamento recebendo o excedente demográfico da Europa, como algumas colônias inglesas da América do Norte; nos trópicos surgiram as colônias chamadas de exploração, com uma composição social completamente original, como as colônias portuguesas e espanholas na América do Sul.

O traço mais original é que a sociedade se baseava no latifúndio, na extensa propriedade agro-exportadora, denominadas *plantation* ou *hacienda*. Nesta sociedade há um terrível contraste entre a riqueza dos colonos branco-europeus, *mozambos* (filhos de portugueses) ou *criollos* (filhos de espanhóis) se contrapondo à extrema miséria das populações a eles submetidas, nativas ou africanas. Enfim, a peculiaridade de uma sociedade constituída essencialmente para benefício da metrópole.

Para exercitar a dominação política e econômica, o monopólio é fundamental aos interesses da classe proprietária. O Bispo Azeredo Coutinho, um dos teóricos do colonialismo português do século XVIII, propôs o seguinte enunciado para estabelecer as atividades na colônia:

"(...) É necessário que as colônias, de sua parte, sofram: 1) que só possam comerciar diretamente com a metrópole, excluída toda e qualquer outra nação, ainda que lhes faça um comércio mais vantajoso; 2) que não possam ter fábricas, principalmente de algodão, linho e seda, e que sejam obrigados a vestir-se das manufaturas e das indústrias da metrópole. Desta sorte, os justos interesses e as relativas dependências mutuamente serão ligadas."

A exclusividade da metrópole e o total domínio das atividades pelos reinóis, comerciantes portugueses, foram garantidos com a criação das Companhias Privilegiadas de Comércio. Limitações foram impostas à imprensa e à circulação de livros. Como em todas as épocas, este tipo de censura visava impedir que ideias novas sugerissem à população que essa exploração não era justa e nem resultava da vontade de Deus...

Foram acrescidos impostos, taxas e proibições, definindo que a função econômica da colônia era suprir o que a metrópole não tinha condições de produzir – e não concorrer com ela. O lucro devia ser máximo: outro indicativo de que o modelo escravista era a solução. Contra o trabalho livre prevalecia o interesse dos proprietários em impedir que os assalariados, com o tempo, se apropriassem de glebas e desenvolvessem atividades de subsistência – já que havia abundância de terras. Ficava assim impedida (por meio da escravidão) a incômoda presença de trabalhadores livres.

Quando Portugal perdeu os territórios na Índia, o Brasil salvou os lusitanos da ruína. O historiador português Oliveira Martins, em '*O Brasil e as Colônias Portuguesas*' descreve a importância do trabalho escravo no Brasil para o reino arruinado:

"Despovoado e inculto o reino, miseráveis as populações sem riqueza, sem trabalho, as minas do Brasil deram ao rei e ao povo uma fortuna que o reino lhes negava... Foi sobre o ouro do Brasil que se levantou o novo trono de D. Pedro II; foi com ele que D. João V e todo o reino puderam entregar-se ao entusiasmo dessa ópera ao divino, em que se desperdiçaram os tesouros americanos... O quinto do ouro começou a render cerca de 12 arrobas por mês. Para que se possa avaliar sua importância, para que ninguém se iluda supondo que os desperdícios faustosos de D. João V traduzem um renascimento de riqueza natural do reino poremos aqui uma nota das massas de metais e pedras preciosas que D. João recebeu do Brasil: 130 milhões de cruzados; 100.000 moedas de ouro; 315 marcos de prata;

34.000 de ouro em barra; 700 arrobas de ouro em pó; 392 oitavas de peso e mais 40 milhões de cruzados, de valor, em diamantes. Além de tudo isso, o imposto dos quintos, e o monopólio do pau-brasil rendiam anualmente para o tesouro cerca de milhão e meio de cruzados. O Marquês de Pombal, rico pelos quintos do Brasil, levantava a nova cidade (Lisboa, após o terremoto) utilitária e abstrata... O dinheiro do Brasil dava para todas as extravagâncias sensatas e insensatas. Dera para D. João satisfazer a sua loucura de ostentação majestática e fradesca; dava agora para o Marquês de Pombal construir uma nação de estufa... Quando o Brasil começou a render, D. João começou a reinar e a gastar. Arruinada no fim do século XVI (pela perda da Índia), a nação arrastava uma vida pedinte e miserável no XVII século. No XVIII século o rendimento do Brasil deu riqueza a um país desolado e despovoado".

Para empreender – com sucesso – é preciso ser livre. Como uma maldição – também transportada no navio negreiro – até o final do século XIX a ideia de trabalho braçal no Brasil iria se confundir com escravidão. Essa distorção iria produzir marcas graves na sociedade brasileira.

Os primeiros "colonizadores" chegados ao Brasil não tiveram coragem de abandonar as praias, galgar as cordilheiras e penetrar o território onde riquezas imensas desafiavam os mais ambiciosos. Muitos anos decorreram sem que houvesse motivo utilitário que despertasse a ambição adormecida de aventureiros e especuladores empobrecidos – gente arruinada de todas as castas que via somente na exportação de escravos o negócio mais lucrativo.

Navegar é preciso

"O Barco!
Meu coração não aguenta
Tanta tormenta, alegria
Meu coração não contenta
O dia, o marco, meu coração
O porto, não!..."
Caetano Veloso, Os Argonautas

A expansão marítima das nações europeias teve como significado a escravização dos africanos. Desde meados do século XV os negros foram submetidos ao trabalho nas plantações do sul de Portugal (Algarves), nas minas da Espanha e serviços domésticos em geral na França e Inglaterra.

No decorrer do tempo e como resultado da valorização do tráfico negreiro – uma atividade comercial altamente lucrativa – as formas de exploração sobre o continente africano foram se sofisticando. Chefes de grupos tribais eram corrompidos por mercadores europeus em troca de tecidos, jóias, metais preciosos (como ouro e cobre), armas, tabaco, algodão, cachaça e mesmo búzios – considerados objetos sagrados, e até funcionando como moeda.

As incursões com o objetivo de apresar nativos foram se tornando raras, já que os sobas, chefes locais, se encarregavam da apreensão da mercadoria, inclusive organizando ataques a outras tribos. O comércio começava a ser feito harmonicamente...

Ao serem embarcados nos portos da África os nativos eram batizados pelos padres encarregados de convertê-los ao cristianismo e marcados com ferro quente. A marca servia também para distinguir os batizados daqueles que ainda não haviam recebido os sacramentos.

Viajando nos porões dos navios negreiros, chamados *tumbeiros*, amontoados como coisas, na mais completa promiscuidade, inúmeros africanos morriam em razão dos maus tratos e doenças, dos ferimentos diversos e ainda sucumbindo ante a condição desumana a que eram submetidos.

A dor e a tristeza sentidas com a perda da liberdade, o afastamento de tudo que lhes era caro, provocava o banzo – sentimento de revolta, dor, pesar e nostalgia. Depois, vinha a morte. Rugendas fez o registro: "Tenha-se a imagem cruel do negro em face da separação de tudo quanto lhe era caro e sejam recordados os efeitos do mais profundo abatimento ou mais terrível desespero de espírito, unido às privações do corpo e às provações da viagem. Então não se estranhará a baixa mortal de tantos, no alto-mar."

Na chegada às terras brasileiras os escravos eram leiloados. E as melhores peças de imediato adquiridas por capatazes ou pelos próprios senhores, que não raro se dedicavam à escolha cuidadosa dos cativos. Para os colonos uma vantagem adicional do uso da mão-de-obra africana estava no fato dos escravos não conhecerem o território onde eram explorados e por isso terem mais dificuldade para fugir. Outra "técnica" de controle usada pelos donos de escravos consistia na compra de africanos de diferentes línguas e culturas, de modo a dificultar a solidariedade e a unidade de ação entre eles; afinal, "dividir para governar" sempre foi o princípio dos tiranos.

No ambiente do Brasil colônia a vida rural predominava com características de exploração que perduram até os dias atuais. Têm um forte sabor de atualidade as observações feitas por frei Vicente do Salvador a respeito dos hábitos extrativistas cultivados pelos colonizadores europeus: "Não só os que de lá vieram, mas também os que nasceram cá, não usam da terra como senhores, mas como usufrutuários, só para a desfrutarem e a deixarem destruída."

Os africanos trabalhavam nas lavouras e tarefas domésticas nas casas dos senhores. Viviam nas senzalas, quase sempre formadas de muitas construções apertadas umas às outras. Na senzala e na casa grande, onde moravam os donos dos engenhos, o proprietário era senhor absoluto. Os escravos eram submetidos aos trabalhos forçados e cabia aos feitores estabelecer a disciplina e garantir a produtividade dos cativos.

Nos séculos XVI e XVII o Rio de Janeiro, Salvador e Recife foram os mais importantes centros receptores de sudaneses – como os iorubas, geges, haussás e minas; de bantos – como os angolas e os cabindas; e de malês, de idioma árabe e islamizados.

Um alto preço foi pago em razão da cruel valorização mercantilista do homem africano, absurda fonte da riqueza dos que traficavam e dos que o utilizavam, como afirma Herbert Aptheker: "Em quatro séculos, do XV ao XIX, a África perdeu, entre escravizados e mortos, 65 a 75 milhões de pessoas e estas constituem uma parte selecionada da população, uma vez que ninguém, intencionalmente, escraviza os velhos, os aleijados, os doentes".

Afonso Taunay estima que teriam entrado no Brasil, nos séculos XVI, XVII e XVIII, respectivamente 100.000, 600.000 e 1.300.000 africanos escravizados. Arrancados à força da sua terra, uma vida de sacrifícios os aguardava: trabalho árduo de sol a sol nas grandes fazendas-engenhos de açúcar, por exemplo. Tão grande era o esforço que um escravo sobrevivia em média de sete a dez anos. Chegar ao Brasil já era uma demonstração de incrível resistência: cerca de 40% dos africanos malungos, denominação para os aprisionados e transportados, pereciam durante a viajem.

Charles Ribeyrolles discorreu acerca dos trabalhos desenvolvidos pelos escravos no Brasil: "Quem cavou a terra, quem abriu as galerias, desviou as correntes, lavou as areias, achou o ouro e os diamantes? Os negros. As tribos dos índios foram escorraçadas pelos colonos proprietários, de floresta em floresta ou de morro em morro. Mas quem arroteou os terrenos e cultivou o solo, ou quem semeou, plantou e colheu? Os negros. Quem aprontou os trabalhos do campo, tão rudes e penosos, em plena zona tórrida, e quem se encontrava a mourejar nas usinas, moinhos, estaleiros e estradas? Os negros."

Já foi dito que os escravos faziam de tudo. Eram as mãos e pés do senhor de engenho. As riquezas produzidas no Brasil dependiam desses trabalhadores.

A escravidão no Brasil se tornou predominantemente negra no início do século XVII sendo utilizada tanto nos centros urbanos como nas zonas rurais e de mineração. Nos centros urbanos existiam os escravos domésticos, de ganho e de aluguel.

Os escravos de ganho trabalhavam com relativa autonomia em relação a seu proprietário: trabalhavam em diversas funções remuneradas – transportadores de cargas e de pessoas, vendedores ambulantes, barbeiros, curandeiros, prostitutas, 'negras de tabuleiro' e outras atividades. Parte do dinheiro obtido nesses serviços era repassada aos senhores, mas os escravos conservavam uma parcela, utilizada em alimentação, vestuário, compra de ferramentas e, eventualmente, na alforria – a compra da liberdade.

Os escravos de aluguel correspondiam a outra modalidade de exploração: eram alugados a terceiros para o desempenho de variadas tarefas.

Em seu esforço para estabelecer a verdade quanto ao autêntico trabalho de construção do Brasil, informa Ribeyrolles: "Nas chácaras, nas fazendas, nas moradas urbanas, nas ruas e nas praças das grandes cidades, sobre quem recaíam os trabalhos servis e domésticos? Nas fábricas e nas oficinas, quem girava as molas, acendia os fornos, esfregava, suava, carregava e se incumbia, numa só palavra, dos mais baixos misteres? Os negros, os negros, quase unicamente os negros. O trabalho africano, em todas as coisas e todas as tarefas, foi o instrumento, a mão, a roda e a ferramenta, intervindo em tudo como agente de produção, dos transportes e das mudanças, vivendo para todos os serviços e todos os encargos."

Primitivamente importados com destino aos engenhos de açúcar das capitanias de São Vicente, da Bahia e de Pernambuco, a sua distribuição pode ser dividida em dois grandes ciclos: o da agricultura e indústria pastoril – que vai da primeira metade do século XVI até a segunda metade do século XVII – e o da mineração, a começar daí até fins do século XVIII e pode ser considerado o ápice da escravidão no país.

Para as elites dominantes a escravidão no Brasil era duplamente lucrativa: incrementava a circulação da mercadoria humana – possibilitando à burguesia traficante a acumulação de lucros –, e garantia elevados índices de produtividade com mão-de-obra escrava de custo mínimo. Enquanto mercadoria o africano trazia altíssimos lucros para os comerciantes da metrópole - o que não era o caso da escravidão dos indígenas, apenas um "negócio local". Quanto aos lucros na produção, a exploração da força do escravo garantia os recursos para a renovação dos meios de trabalho, assalariamento dos poucos trabalhadores especializados e a continuidade do tráfico. Aliás, a manutenção do tráfico era fundamental, visto que o crescimento vegetativo da população negra era insuficiente para atender à demanda.

O nativo exportado da África para as colônias portuguesas e para as índias espanholas era fonte permanente de renda para o Tesouro, fato gerador dos impostos cobrados na saída da colônia *per capita*, da *taxa de propriedade* paga na colônia, da *meia-siza* arrecadada nas arrematações e adjudicações – e ainda, da renda do seu trabalho forçado nos engenhos, nas fazendas, na mineração e na lavoura, e indiretamente da resultante dos impostos de exportação do produto de seu trabalho.

Cada escravo quando exportado para o Brasil – e que era antes batizado – pagava o negreiro três mil réis de imposto por cabeça e o dobro para os que saíam rumo às índias espanholas. Para que a Igreja auferisse também o seu lucro aventou-se o pagamento pelo dobro do imposto de exportação pelo negro *pagão*. Essa exigência valorizava a conversão enfatizando o aspecto de "salvação das almas dos africanos" pelo batismo justificando enquanto pela fé a escravidão – e evidentemente garantia os lucros da Igreja Católica no negócio; o Bispo de Luanda batizava por atacado as numerosas levas que passavam nos portos de embarque.

Essas razões terminaram dominando os religiosos que vieram para o Brasil e não apenas deram cobertura ideológica à escravidão, como a praticaram em larga e proveitosa escala. O padre Vieira, a quem se deve tanta indignação contra a exploração dos índios, colocado certa vez diante do dilema de ficar ao lado dos escravistas do Maranhão ou do lado dos silvícolas, não fugiu à conclusão de que era "fácil conciliar a consciência com o interesse".

Os portugueses aqui chegavam e tomavam conta da terra como sua – e punham os negros a trabalhar debaixo de chicote. Os senhores não pensavam senão em tirar dos negros o máximo trabalho, a tarefa medida a varas, o chicote na ponta do eito para cortar o imprudente que levantasse a cabeça da enxada. Comprado ou vendido o negro ou o índio eram o capital; o chicote o meio de crescer-lhe o juro, o recurso para que o investimento não se extraviasse.

As relações entre colono e escravo se faziam por meio de um algoz escolhido entre os próprios escravos: o colonizador servia-se da fraqueza do desgraçado que não queria sofrer como seus irmãos de infortúnio. O colono não trabalhava: tudo era feito pelos escravos, como registra o historiador Manoel Bonfim, em '*América Latina*':

"Havia escravos carpinteiros, pedreiros, alfaiates, sapateiros... escravos tecendo, fiando, plantando; era o escravo que construía o carro de bois, o monjolo, o moinho, a canga, o selote, a cangalha; a peneira e o pilão do mineiro... O senhor embolsava; gastava consigo, apenas. Por isso, porque o senhor não sabia o preço do trabalho (fazendas havia onde nem se alimentavam os escravos: dava-se-lhes o sábado, para com o trabalho desse dia se alimentarem e se vestirem!) multiplicam-se os serviços improdutivos: cada fazenda ou centro de mineração alimentava um exército de inúteis; cada senhor tinha um séquito de parasitas: uma banda de música, um capelão, uma dúzia de lacaios, um contingente de assassinos para vingar os seus ódios e o defender contra os seus iguais (era esta a única justiça). Em cada cozinha havia uma dúzia de escravas *doceiras*, outras tantas *assadeiras*, *queijeiras*, *biscoiteiras*... em cada varanda viviam bandos de mucamas; e em redor da casa, ou mesmo sob o teto conjugal, um harém de mulatinhas – todas as crias púberes, cujas primícias pelos costumes feudais pertenciam ao *senhor*. Só o escravo trabalhava; só ele era produtivo: nenhum braço português tocava os engenhos, nas roças de São Tomé ou do Brasil. Com isto resultou que o trabalho foi considerado, cada vez mais, como coisa vil, infamante. O ideal para todos era viver sem nada fazer – ter escravos e à custa deles, passar a vida e enriquecer".

A vida do colono português era a mesma em toda a terra brasileira: libertinagem, ócio, preguiça, luxúria, moleza e malvadeza para com os escravos. Gilberto Freyre descreve com propriedade esse aspecto do passado em '*Casa-Grande & Senzala*':

"Com a vida mais descansada e mais fácil para os colonos, o açúcar vendido em quantidade maior e por melhores preços na Europa do que nos princípios do século XVI, desenvolveu-se nos fins desse século aos começos do XVII, não tanto o luxo, como desbragada luxúria, entre os senhores de engenho do Brasil. Em Pernambuco, ao aumento de produção de açúcar de duzentas mil arrobas em 1584 para quinhentos mil em 1618 (contados agora os engenhos das capitanias vassalas – Itamaracá e Paraíba), e do número de engenhos de trinta em 1576 para sessenta e seis em 1584 e cento e cinquenta em 1630 correspondeu o aumento do número de escravos africanos – tudo concorrendo para maior ócio dos senhores; e para sua maior libertinagem. ócio que a tal ponto se desenvolveu nas zonas dominadas pelos engenhos de cana, que doutores moralistas da época chegaram a associá-lo ao muito consumo do açúcar: 'talvez que da abundância deste humor'- o fleumático, causado pela alimentação abundante em açúcar – 'proceda aquela preguiça que a tantos reduz a um miserável estado', escreveu um deles, acrescentando: 'Muito certamente predomina este humor em muitos homens do Brasil. Passam muitos a vida, com uma mão sobre a outra, e nascendo o homem para o trabalho, eles só querem descanso. Há alguns que num dia inteiro não dão um só passo', terminando por aconselhar que se comesse pouco açúcar – além do mais, propagador de lombrigas".

Cada engenho ou fazenda era um feudo em que o reinol imperava sem piedade – ao mesmo tempo juiz e algoz, chefe e carcereiro, misto de homem e fera. As riquezas produzidas pelo trabalho escravo proporcionavam vida fácil criando na metrópole uma fabulosa legião de párias, fidalgos e monges, frades e freiras, um sem-número incontável de esbanjadores.

Vale transcrever Gilberto Freyre citando os mais abalizados cronistas dos tempos coloniais:

"O açúcar não teve, por certo, responsabilidade tão direta pela moleza dos homens. Teve-a, porém e grande, como causa indireta: exigindo escravos; repelindo a policultura. Exigindo escravos para "mãos e pés do senhor de engenho", como disse Antonil. E não só senhor de engenho português, já viciado na escravidão: os holandeses, quando no século XVII se instalaram nas plantações de cana de Pernambuco reconheceram a necessidade de se apoiarem no negro; sem escravos não se produziria açúcar. E escravos em grande número: para plantar a cana; para cortar; para colocarem a recortada entre as moendas impelidas a roda d'água e por giros de bestas ou de bois, nos chamados almanjarras ou trapiches; limparem depois o sumo nas caldeiras de cocção; fazerem coalhar o caldo; purgarem e branquearem o açúcar nas formas de barro; destilarem a aguardente. Escravos que se tornaram literalmente os pés dos senhores; andando por eles, carregando-os de rede ou de palanquim. E as mãos – ou pelo menos as mãos direitas; as dos senhores se vestirem, calçarem, abotoarem, limparem, catarem, lavarem, tirarem os bichos dos pés",

A renda proveniente do trabalho escravo produzindo a riqueza do açúcar deu ao colono, com o título de Senhor de Engenho, uma vida "aristocrática" devassa, preguiçosa. Mais incisivo, o sociólogo pernambucano – descendente de senhores de engenho – retrata com propriedade esse modo de vida:

"Ociosa, mas alargada de preocupações sexuais, a vida do senhor de engenho tornou-se uma vida de rede. Rede parada, com o senhor descansando, dormindo ou cochilando. Rede andando, com o senhor em viagem ou a passeio debaixo de tapetes ou cortinas. Rede rangendo, com o senhor copulando dentro dela. Da rede não precisava afastar-se o escravocrata para dar suas ordens aos negros; mandar escrever suas cartas pelo caixeiro ou pelo capelão; jogar gamão com algum parente ou compadre. De rede viajavam quase todos sem ânimo para montar a cavalo; deixando-se tirar de dentro de casa como geleia por uma colher. Depois do almoço ou do jantar, era na rede que eles faziam largamente o chylo' – palitando os dentes, fumando charuto, cuspindo no chão, arrotando alto, deixando-se abanar, agradar e catar piolho pelas molequinhas, coçando os pés ou a genitália: uns coçando-se por vícios; outros por doença venérea ou de pele. Lyndley diz que na Bahia viu pessoas de ambos os sexos deixando-se catar piolho; e os homens coçando-se sempre de sarnas sifilíticas".

O consumo de açúcar no mundo e a pequena produção das ilhas portuguesas do Atlântico estimularam a produção no Brasil: o desenvolvimento da indústria açucareira tornou-se impetuoso entre 1570 e 1624. Era o único meio de vida na Bahia, diria um viajante em 1610. Estimulava-se o comércio europeu; a coroa portuguesa protegia essa indústria lembrando o exemplo dos que lavrando canas e moendo-as tornaram-se cavaleiros. Era concedida ao açúcar dez anos de isenção de tributos e a metade destes nos anos seguintes, se o produtor o embarcava; e criou uma honraria à época desconhecida e equivalente a um título nobiliárquico: o *senhor de engenho*. Os que são mais ricos têm engenhos com títulos de senhores deles, nomes que lhes concede Sua Majestade em suas cartas e provisões – notara em 1618 Pero Magalhães Gandavo, o escritor dos '*Diálogos das Grandezas do Brasil*'. Depois, com as crises de preço que vieram a coroa socorreu os engenhos com sua legislação especial que impediu a execução das dívidas dos senhores e engendrou – com a inalienabilidade dos morgadios e encapelados – a sucessão em muitas gerações das velhas propriedades, fonte igualmente de abastança e nobreza.

Em 1576 segundo Pero Magalhães Gandavo havia na Bahia 18 engenhos. O padre Fernão Cardim contou 36 em 1583 – produzindo segundo Gabriel Soares de Sousa 120 mil arrobas. Em sete anos dobrara o número daqueles estabelecimentos; entretanto cada um despendia para a sua fábrica despesa de 10 mil cruzados no cálculo do autor dos Diálogos. O preço do açúcar andava tão alto que permitia a mais de cem moradores de Pernambuco e da Bahia, em 1587, desfrutar "de mil cruzados até 5 mil de renda". "Gastam de sua bolsa mais de 3 mil cruzados", afirmou o cronista.

Pernambuco possuía uma centena de engenhos em 1627 e 121 quatro anos depois. Cento e quarenta naus podiam sair do Brasil abarrotadas, segundo um contemporâneo que avaliou em 500 mil arrobas a produção das três capitanias do norte, equivalente a 166 engenhos, se uns pelos outros rendiam 3 mil arrobas. Barleus (1637) estimou em um milhão a safra anual de Pernambuco, Itamaracá e Rio Grande (Brasil holandês).

A aristocracia pernambucana distinguia-se em toda a monarquia portuguesa pelo fausto da sua vida, junto à prodigalidade e esplendor das suas casas. Tornara-se o porto de Recife o maior empório do açúcar em todo o mundo; e o trabalhador dessa extraordinária indústria era o escravo africano. O Estado português facilitou a entrada do negro e Angola tornou-se o centro principal de fornecimento. O escravo entrava em Pernambuco por todos os meios trazidos pelos "assentistas" ou pelos contrabandistas. Só de Angola entraram no período entre 1575 a 1591 mais de 52.053 africanos.

A escravização dos africanos tomou impulso no século XVIII – período mais lucrativo da indústria açucareira no Brasil com produção anual de mais de 2 milhões de arrobas. O Padre Vieira calculava que em meados desse século o Brasil teria 33.000 escravos; Varnhagen avaliava em 40.000 e Gaspar Dias Ferreira em cerca de 50.000. Na base de 60 arrobas por escravo a produção açucareira seria de dois e meio milhões de arrobas. Com produção total do açúcar no século XVII sendo computada em cerca de 180 milhões de arrobas e admitindo-se a produção média de 50 arrobas por escravo, mais um desgaste tal que limite a 7 anos a vida efetiva de um escravo concluiremos que o século XVII absorveu – apenas na produção açucareira – 520.000 escravos.

A criação da Companhia Geral do Comércio do Grão Pará estimulou o desenvolvimento da agricultura do Maranhão. São Luís e Belém tornaram-se portos negreiros. O braço escravo foi absorvido pela lavoura nortista e pela pecuária – principalmente nos vales dos rios Itapicuru e Mearim, no Maranhão e Piauí.

André João Antonil, padre jesuíta que analisou nossa vida econômica em sua obra *Cultura e Opulência do Brasil por Suas Drogas e Minas* foi um dos mais notáveis cronistas do século XVII no Brasil colonial. Publicada em Lisboa em 1711, essa obra teve a sua difusão proibida pelo rei D. João V – alegando conveniências políticas do Estado. O arguto observador noticia a necessidade da importação de trabalhadores escravizados por serem indispensáveis. Afirmou Antonil: "(...) É necessário comprar cada ano algumas peças e reparti-las pelos partidos roças, serrarias e barcas". A sua observação acusa ainda: "Senhores havia que faziam mais caso de um cavalo que de meia dúzia de escravos; pois o cavalo é servido e tem quem lhe busque o capim, tem pano para o suor, e sela e freio dourado".

O registro de Antonil sobre o processo produtivo revela a transformação do engenho numa atividade industrial sofisticada, na qual se combinavam terra, técnica, trabalho compulsório, plantação de cana-de-açúcar e equipamentos: "Servem ao senhor de engenho, em vários ofícios, além dos escravos de enxada e foice que têm nas fazendas e na moenda, e fora os mulatos e mulatas, negros e negras de casa ou ocupados em outras partes barqueiros, canoeiros, calafates, carapinas, carreiros, oleiros vaqueiros, pastores e pescadores. Tem mais, cada senhor destes, necessariamente, um mestre de açúcar, um banqueiro e um contra banqueiro, um purgador, um caixeiro no engenho e outro na cidade, feitores nos partidos e roças, um feitor-mor do engenho, e para o espiritual um sacerdote seu capelão, e cada qual destes oficiais tem soldada".

As tarefas mais especializadas (de caldeireiro, carpinteiro, tacheiro e marinheiro) eram realizadas pelos negros que se adaptavam mais rapidamente à nova situação. Serviços brutais eram realizados por homens e mulheres que também pegavam na foice e na enxada, nos canaviais, nas oficinas ou na casa grande; e um número pequeno de trabalhadores livres, assalariados, desempenhando funções de vigilância ou que exigiam conhecimento técnico – como no caso do preparo do açúcar – aumentava a enorme multidão de explorados.

Formadas de roças e pomares, as grandes fazendas alcançavam praticamente a auto-suficiência. Era rotineiro os escravos terem um dia na semana para plantarem para si; o básico em sua alimentação era a mandioca. Havia ainda nos engenhos outros homens livres e expropriados, que não foram integrados à produção mercantil. Como trabalhavam nas roças de subsistência eram chamados roceiros.

As descobertas das minas de ouro e de diamante, porém, imprimiram novos rumos à vida dos senhores de engenhos, modificando-lhes os costumes nas terras mineiras para onde emigraram em busca de mais riquezas, ainda mais fáceis e lucrativas. Os sonhos de riqueza despertados pelo ouro descoberto impeliram para nova vida de aventuras os senhores de escravos causando verdadeiro êxodo nos engenhos do Norte do Brasil, quase despovoando de brancos e negros as ricas terras açucareiras. As relações de luxúria entre senhores aristocratas e a escravaria foram substituídas nas minas pelo chicote sempre empunhado e estalando no lombo de um escravo.

Com a notícia da chegada de doze oitavas de ouro às mãos de D. Pedro II (de Portugal) e a descrição das fabulosas riquezas por carta de 16 de junho de 1695 do governador Sebastião de Castro Caldas houve verdadeiro rebuliço em todas as classes sociais e o despertar de uma nova era para os ambiciosos vulgares de todas as castas, homens arruinados e sem escrúpulos, que se ofereciam para explorar em nome de El-Rei as minas descobertas.

Nas zonas de mineração o escravo era utilizado em todo tipo de atividade. Sua longa jornada de trabalho variava de acordo com a tarefa realizada. Estava sujeito a duros castigos e torturas como chicotadas, palmatórias, placas de ferro, correntes com peso, gargalheiras e muitas outras espécies de punição aplicadas pelos escravistas.

Desde então se intensificou a escravidão, a lavoura foi trocada e de toda parte saía gente em busca do ouro. A distribuição dos escravos pelo território da colônia durante o ciclo da mineração foi mais ampla, mais desordenada e profunda, provocando novo comércio de negros e diferentes tipos de negreiros. Os bandeirantes descobriam as minas, faziam as prospecções do solo, exterminavam os índios e apresavam os remanescentes, preparando o terreno para o colono ávido de riquezas que embarcava munido de poderes ditatoriais sobre terras e homens – mais a promessa de um título de nobreza se produzisse ouro e mais ouro para o Rei. Desse modo, entravam para o rol dos nobres e apagavam as manchas do passado...

Mudou o cenário da colônia com a disseminação da notícia das descobertas de ouro. Houve correrias, abandono das lavouras, verdadeiro êxodo. As primeiras descobertas em Minas Gerais, no córrego de Ouro Preto atraíram espíritos ávidos de fortuna. Bandeiras partem para Mato Grosso, Goiás e Bahia. O escravo subiu de preço, os fazendeiros abandonaram suas searas e rumaram em busca do ouro.

Populações inteiras se deslocaram: a notícia se espalhou pela metrópole e foram expedidas cartas régias regulamentando a mineração – todas elas calcadas nas *peças*, no número de negros empregados na cata aurífera. Duas "coisas" tinham valor: o ouro e o negro!

A sociedade colonial estabeleceu-se nas barrancas dos rios e nas serras surgindo cidades onde o luxo e as devassidões reviveram a degenerescência do caráter do colono na violência e estupidez.

O preço dos escravos nas minas auríferas provocou a morte da lavoura nordestina e de outros pontos da colônia. De um momento para outro o sistema de plantação, que sustentava a economia da colônia foi ameaçado de ruína. Os especuladores elevaram o preço dos negros e o governo proibiu, sob pena de confisco, a transferência dos negros das plantações para as minas. Essa foi uma das causas do fim do monopólio da colônia brasileira do fornecimento de açúcar à Europa.

Foi assim que tivemos desde o século XVI o Poder Temporal e o Poder Espiritual conciliando a consciência com o interesse, a cruz com o arcabuz, a castidade com o estupro, a fraternidade com a escravidão, o direito com a força.

Viver não é preciso!

"Viver não é necessário; o que é necessário é criar.
Não conto gozar a minha vida. Nem em gozá-la penso.
Só quero torná-la grande,
Ainda que para isso tenha de ser o me corpo
E a (minha alma) a lenha desse fogo."
Fernando Pessoa, *Navegar é preciso*

No século XVIII os grandes engenhos foram substituídos pelas minas de ouro como principal atividade dos colonizadores – mas para os africanos escravizados nada mudou: os castigos corporais eram uma constante. Punições inimagináveis eram aplicadas sem compaixão. O trabalho diário constituía jornada estafante; muitos senhores estabeleciam que os negros proveriam o próprio sustento, através do cultivo, fora das horas de trabalho – no que seria o período de descanso – das lavouras para a subsistência. Com isto, não havia repouso suficiente para a reposição de forças. Tudo acontecia sob os olhos atentos dos prepostos dos senhores, vigilantes a qualquer sinal de rebeldia.

Como pagamento do seu trabalho os escravos recebiam castigos. Escreveu Antonil: "No Brasil costumam dizer que para o escravo são necessários três P, a saber: pau, pano e pão. E posto que comecem mal, principiando pelo castigo, que é o pau; contudo, provera a Deus que tão abundante fosse o comer e o vestir, como é muitas vezes o castigo, dado por qualquer coisa pouco provada ou levantada".

A narrativa de Manoel Bomfim em *América* traça nítido retrato da reação dos africanos naqueles tempos:

"Arrancado à selva nativa, abandonado aqui à ganância implacável do colono, o pobre africano só tinha um meio de libertar-se: a morte. Quantos milhares que aí procuraram descanso! Em certas fazendas, ainda em nossos dias, raro era o mês em que se não desciam das árvores dois, três cadáveres de negros, enforcados. Era o único meio de não pagar no tronco, na gargalheira, no almoço diário de dúzias de bolos, a tentativa de fuga...".

Uma parede de museu coberta de instrumentos de castigo – vale dizer: suplício! – dos escravos no Brasil colonial é trágica como um museu da Inquisição. A imaginação humana esgotou os recursos na invenção de penas e tormentos que subjugassem a cólera e reprimissem o instinto de liberdade dos escravizados. Depois dos sofrimentos da travessia marítima e da agonia do mercado de escravos o homem escravizado estava indefeso ante todos os castigos engendrados pelo sadismo do senhor. Poderia ser metido no *tronco* – pescoço, pés e mãos imobilizados entre dois grandes pedaços de madeira retangular ou de ferro, presos ao cadeado – ou torturado com o *vira-mundo*, pequeno instrumento de ferro que prendia pés e mãos do escravo forçando-o a uma posição incômoda onde era mantido durante vários dias. Quando se pretendia um castigo mais prolongado o escravo era supliciado com o *cepo* – uma longa tora de madeira que devia carregar à cabeça e que se prendia, por uma corrente, ao tornozelo. O escravo que fugia podia ser castigado com o *libambo* – uma argola de ferro que rodeava o pescoço do negro, dotada de uma haste terminada por um chocalho; com a *gargalheira* ou com a *golilha*, sistema de correntes de ferro que lhe impediam os movimentos. Quando queriam obter uma confissão do escravo havia os *anjinhos* – dois anéis de ferro onde eram enfiados os dedos do negro e que diminuíam de diâmetro enquanto se torcia um pequeno parafuso provocando dores horríveis. E quando faltavam os castigos o negro era obrigado a trabalhar de sol a sol.

Diante da permanente repressão exercida sobre a população escrava e da impossibilidade de sua organização política, a principal forma de contestação dos escravos tornou-se a fuga.

Os negros reagiam. Em troca dos tormentos, assassinavam feitores, suicidavam-se, evitavam a reprodução, eliminavam capitães-do-mato e mesmo proprietários.

A resistência se manifestava nos seus cultos, onde a dominação era simbolicamente contestada. Essas manifestações continham os anseios de liberdade sendo formas de protesto e reação à crueldade e opressão. Dançar e batucar, rezar e cantar – esses eram os modos encontrados para alívio da asfixia da escravidão. O candomblé foi – e ainda é – um ritual de liberdade, protesto e reação à crueldade e opressão do Deus dos brancos.

A dominação era contestada também ao nível do real – na fuga e na formação de quilombos, aldeias de negros foragidos, onde tentavam reconstituir em matas brasileiras o modo de vida que levavam na África.

A grande maioria dos negros se situava entre a oposição aberta à escravidão e a submissão conformada. Em um país tão extenso e tão internamente diferenciado como o Brasil resistir ao sistema significava diversificar as estratégias de acordo com as peculiaridades de cada região e de cada período do escravismo.

Pouco a pouco, os africanos passavam a ter conhecidas as características de seu comportamento frente à escravidão. Os escravistas puderam formar conceitos quanto à natureza de cada tipo; muitos jamais aceitaram a dominação.

Quando esgotavam as possibilidades de barganhas e concessões partia-se para a ruptura – o confronto direto.

Dos protestos individuais violentos passaram os escravos aos protestos coletivos – fugindo para as montanhas, para as matas fechadas onde se aquilombavam para viverem livres dos colonos. Mesmo assim não encontravam sossego. Havia aqueles que se prestavam ao papel de tentar recapturá-los, de preferência com vida, para retornarem ao cativeiro; se fosse preciso, mortos – para servirem como exemplo e desencorajar novas tentativas. Nos lugares mais distantes eram perseguidos.

O aprisionamento dos fugitivos competia aos *capitães-do-mato* enviados a farejá-los, sob as ordens dos senhores e que contavam com auxiliares e a colaboração oficial da Justiça colonial. Esse tipo de caçador de negros fugidos – o capitão do mato – foi criado pela Ordem real de 24 de setembro de 1699 e Provisão de 6 de março de 1741 e tornados assassinos oficiais na colônia desde o regimento de 1724 que lhes isentava de sofrer pena "pelas mortes que fizessem no exercício da sua tarefa, exceto se claramente constasse que o tinham feito de propósito e sem justa necessidade de defesa". E a punição era maior para o negro fugitivo da escravidão se fosse aprisionado: era marcado com ferro quente um F na espádua – e em caso de reincidência cortava-se uma orelha, penas cruéis estabelecidas pelo Alvará Real de 3 de março de 1741.

O ambiente das senzalas era o que restava aos negros para tentar a preservação das suas dimensões humanas, até que surgisse a oportunidade propícia à fuga. Sob o disfarce de cantigas e danças sobreviviam suas crenças e ritos, como a mais inocente forma de diversão.

Gravuras e desenhos feitos pelos primeiros estudiosos que visitaram as terras americanas registraram cenas da vida na sociedade colonial, onde se encontra impressa a força das manifestações da cultura africana.

Ao som dos atabaques permanecia vivo o culto aos orixás e outras danças das quais se perdeu a memória, mas de onde nasceria o jogo da Capoeira: os movimentos de corpo dos africanos – gestos ancestrais preservados em suas danças – serviram com base para a elaboração de uma luta coletiva; afinal, os meneios de corpo, o jeito solto e ágil, servem perfeitamente tanto ao fascínio da dança quanto à magia da luta.

Sabe-se que os africanos eram insuperáveis na luta corpo a corpo, também numa consequência direta do vigor físico comprovado no estafante trabalho muscular que exigia alta carga de força. Habituados aos rigores da vida na África, as tarefas que antes se constituíam em atividade necessária na terra natal eram instituídas como trabalho forçado no Brasil. A aparente submissão era o modo dos cativos de costumes e culturas diferentes ganharem o tempo necessário para criar – ou simplesmente aproveitar – a oportunidade de fuga, dificultada pelo fato de sequer possuírem uma língua comum.

A expressão corporal nos ensina há milênios uma linguagem que permite a comunicação sem palavras, estabelecendo a fraternidade nos gestos comuns: a dança revela os sentimentos e evidencia ideias, na plástica e harmonia dos movimentos. Pois deste instrumento de ação se serviram os negros: protestando e se insurgindo, individual ou coletivamente, expressando a linguagem do corpo na revolta, na insubordinação às regras do jogo do sistema colonial: formando quilombos, promovendo fugas, e assassinando senhores – mas essa luta passou especialmente pela afirmação de sua cultura.

Cada fugitivo recapturado trazia em si a certeza da liberdade. Tudo apenas uma questão de tentar sempre. Na próxima tentativa... E as fugas se sucediam cada vez mais organizadas.

Nas matas, os negros que conquistavam a liberdade formavam quilombos, onde viviam segundo regras próprias. Estas comunidades foram numerosas desde meados do século XVI, havendo-as em todas as capitanias e principalmente na região de Pernambuco e Alagoas. Aí houve uma verdadeira nação, conhecida como Palmares, que enfrentou bravamente os escravocratas.

A destruição de Palmares aconteceu depois de cerca de sessenta anos de luta, por forças comandadas pelo paulista Domingos Jorge Velho e o pernambucano Bernardo Vieira de Melo. Mas este fato não significou derrota total. Cresceu daí a consciência da própria força no povo negro e a certeza de que poderia encontrar a liberdade, nas terras para onde veio trazido como escravo.

Palmares ficou como ponto de referência de uma gente espalhada por todas as partes deste país, simbolizando uma luta secular de libertação de um povo que se identifica não somente pela pigmentação da pele, mas pela mesma herança cultural. A luta do povo de Palmares está viva como ponto de partida para chegarmos a uma sociedade livre.

Desde a época da campanha dos escravistas contra o Quilombo de Palmares ficou o registro da luta heróica em defesa da autonomia cultural.

As fugas dos escravos se tornaram rotineiras. É fácil imaginar o negro desarmado, porém exímio no manejo do corpo, a desfechar o golpe certeiro, no momento oportuno – para em seguida ganhar a liberdade.

Livre, o terreno de pouco mato era adequado à manutenção da liberdade, permitindo o enfrentamento dos perseguidores. E a vegetação rasteira, denominada em língua tupy *caá-puera* iria dar nome aos guerreiros e à sua luta: Capoeira.

A Capoeira é um bom exemplo de como os negros agiam com malícia dissimulando sua verdadeira intenção ao enfrentar os senhores e seus agentes. Para disfarçá-la para o combate, nada melhor que a camuflagem flexível da 'ginga' – que fazia dela ao mesmo tempo uma luta e uma dança!

A existência da Capoeira resulta da longa luta por reconhecimento cultural travada ao longo dos quatro séculos de cativeiro. E o termo capoeira, nome dos guerreiros das capoeiras e de sua estranha forma de luta, que tornava homens desarmados capazes de enfrentar e vencer vários adversários corporifica ainda hoje nos jovens praticantes do século XXI. E assim a luta dos africanos e de seus descendentes afro-brasileiros subsiste no jogo da Capoeira.

A respeito das origens remotas da Capoeira é interessante transcrever Albano de Neves e Souza, que escreveu de Luanda, Angola, a Luis da Câmara Cascudo, afirmando: "Entre os Mucope do sul de Angola, há uma dança da zebra N'golo, que ocorre durante a Efundula, festa da puberdade das raparigas, quando essas deixam de ser muficuemas, meninas, e passam à condição de mulheres, aptas ao casamento e à procriação. O rapaz vencedor do N'golo tem o direito de escolher esposa entre as novas iniciadas e sem pagar o dote esponsalício. O N'golo é a Capoeira."

Em seguida, Albano de Neves e Souza expõe sua teoria a respeito da evolução do N'golo no Brasil: "Os escravos das tribos do sul que foram através do entreposto de Benguela levaram a tradição de luta de pés. Com o tempo, o que era em princípio uma tradição tribal foi-se transformando numa arma de ataque e defesa que os ajudou a subsistir e a impor-se num meio hostil". Neves de Souza acrescenta algumas informações e conclui pela origem africana da Capoeira: "Os piores bandidos de Benguela em geral são muxilengues, que na cidade usam os passos do N'Golo como arma. (...) Outra das razões que me levam a atribuir a origem da Capoeira ao N'Golo é que no Brasil é costume os malandros tocarem um instrumento aí chamado de Berimbau e que nós chamamos hungu ou m'bolumbumba, conforme os lugares, e que é tipicamente pastoril, instrumento esse que segue os povos pastoris até a Swazilândia, na costa oriental da África."

Estes relatos ilustram hipóteses quanto às origens da Capoeira. Note-se que essas danças são conhecidas no Brasil apenas através da literatura sobre o assunto. A história da Capoeira é hoje objeto de pesquisa minuciosa em terras americanas e africanas com o objetivo de constatar nessas danças os possíveis elementos formadores da Capoeira. Assim é que danças com características de luta – e muitos movimentos idênticos aos da Capoeira – já foram identificadas em Cuba, Martinica, na Venezuela e em outras localidades das Américas. Independente de quaisquer discussões destaca-se o óbvio: a África é o *locus* de origem comum dessas danças e da Capoeira. Concretamente, temos no Brasil a luta dos negros, elaborada a partir de gestos e movimentos próprios dos africanos, cuja fonte primária é a terra de onde vieram os guerreiros: a África. De lá veio o elemento matriz no processo que culminou no jogo da Capoeira – o negro! – e os movimentos corporais da capoeira atual são fragmentos atualizados da memória negra afro-brasileira.

Recriando a cultura africana nessa terra, os negros não ficaram passivos diante de sua nova condição. Desterrados e escravizados, combateram o poder tirânico com uma rica produção cultural, conquistando espaços e recriando sua autonomia e identidade étnica em solo brasileiro. E acabou brasileiro esse jogo-luta, como testemunhou Charles Ribeyrolles, um francês que aproveitou o tempo vivido em nossa terra – exilado por Napoleão III – para retratar os costumes da nação que se formava: "No sábado à noite, finda a última tarefa da semana, e nos dias santificados, que trazem folga e descanso, concedem-se aos escravos uma ou duas horas para a dança. Reúnem-se no terreiro, chamam-se, agrupam-se, incitam-se e a festa principia. Aqui é a capoeira, espécie de dança pírrica, de evoluções atrevidas e combativas, ao som do tambor do congo."

A ORIGEM DO TERMO CAPOEIRA

*"Capoeira é mandinga de escravo em ânsia de liberdade.
Seu princípio não tem método e o seu fim é inconcebível ao mais sábio dos mestres."*
Mestre Pastinha

É de aceitação geral a hipótese do jogo de agilidade corporal ter sido o instrumento utilizado pelos escravos fugitivos na defesa contra seus perseguidores, representados pela figura do capitão-do-mato. E era no mato que se travava a luta decisiva. Pois foi desse tipo de mato – a capoeira – onde os negros buscavam refúgio e ofereciam resistência aos perseguidores, que surgiu também a polêmica que por longo tempo consumiu em debates intermináveis inúmeros intelectuais.

Uma das teorias quanto à origem da expressão capoeira estabelece a língua tupy como aquela de onde procederia a vernaculização: *caá-puêra* (caá = mato; puêra = que já foi) resultaria nos brasileirismos capuíra, capoêra e capoeira.

Outros estudiosos afirmam que a acepção capoeira designa um tipo especial de cesto, usado no transporte de galinhas, que eram conduzidas por escravos aos mercados. A esses escravos teria se estendido o emprego da denominação primeiramente aplicada às gaiolas. Segundo os defensores dessa hipótese, enquanto aguardavam a chegada dos comerciantes, os escravos se divertiam na prática do brinquedo que também seria abrangido pelo nome capoeira.

Fora da discussão da origem do termo – assunto exaustivamente debatido nos séculos passados por filólogos, como Plínio Ayrosa e Antenor Nascentes – temos concretamente o '*jogo da Capoeira*' com definição única e universal.

Resta ainda a palavra *capoeiragem*, empregada para nomear a prática desse jogo e utilizada no Código Penal de 1890 pelos juristas da época, que puniam a prática do jogo, classificando-o como atividade criminosa.

Zumbi: o mestre da resistência

"Zumbi, comandante-guerreiro/Ogum-iê, ferreiro mor, capitão/Da capitania da minha cabeça/Mandai alforria pro meu coração"
Gilberto Gil & Walid Salomão, *Zumbi, a felicidade guerreira*

Na língua dos negros, 'quilombo' significava povoação, capital, união; no Brasil, teve por significado local de refúgio. Os quilombos eram divididos em aldeias de nome mocambo. Seus integrantes eram chamados quilombolas, calhambolas, mocambeiros.

Zumbi nasceu no quilombo de Palmares por volta de 1655. Décadas antes do seu nascimento este quilombo havia sido fundado por um grupo de escravos fugidos de um engenho no sul de Pernambuco. Localizado bem no alto de uma serra, onde estão hoje situadas partes dos Estados de Alagoas e Pernambuco, de lá era possível a visão privilegiada das imediações.

Herói do povo afro-brasileiro coube a Zumbi liderar a gente do quilombo num momento decisivo da luta contra os escravistas, empenhados em sufocar a semente da liberdade que teimava por crescer no solo brasileiro.

A história daquele que seria o Zumbi começa quando um grupo de expedicionários liderados por um comandante chamado Brás da Rocha ataca Palmares, no ano de 1655, levando um recém-nascido, entre os adultos capturados. A criança foi entregue ao chefe da coluna atacante, que por sua vez resolveu fazer um presente ao padre Melo, cura de Porto Calvo. O religioso decidiu chamá-lo Francisco. O garoto aprendeu a língua latina, o português e dando mostras da inteligência.

A grande batalha do chefe guerreiro Zumbi, zelando dia e noite pela segurança do seu povo e lutando para que não fosse extinto o ideal de se formarem comunidades onde conviviam negros, índios e brancos, começou ao completar quinze anos, em 1670. Nesse ano Francisco fugiu do padre Melo e voltou para Palmares. Livre desde que nasceu, deixou para trás uma vida muito diferente daquela que iria levar.

Quando Francisco voltou a Palmares, o quilombo havia se transformado numa fortaleza. Segundo estudos recentes, dez mil pessoas, aproximadamente, viviam no local . Eram negros fugidos, mulheres capturadas, além de índios e brancos que se escondiam da justiça colonial portuguesa.

Plantava-se de tudo para o sustento da população quilombola: feijão, milho, mandioca, cana-de-açúcar, batata. E muitos desses artigos eram comercializados clandestinamente com as cidades vizinhas, pobres em gêneros alimentícios porque se dedicavam a uma única cultura: o plantio da cana-de-açúcar, base da economia de exportação predominante nessa época.

O quilombo de Palmares era uma pequena África onde os negros procuravam resgatar suas raízes, inclusive abandonando os nomes recebidos dos escravistas e trocando por outros de origem africana. À frente desse povoado estava Ganga Zumba e nas pequenas aldeias lideravam chefes locais.

Ao retornar a Palmares, Francisco, com seus quinze anos, passou a ser Zumbi. Vale lembrar que o Deus principal de Camarões e do Congo é chamado *Nzambi*; em Angola denominavam *Zambi* o que morreu; e no Caribe, *Zumbis* são mortos-vivos, criaturas que mesmo no além jamais descansam.

Em Palmares foi livremente constituída sua família – pai, irmãos, tias e tios. O principal dentre seus parentes: Ganga Zumba. Pouco depois de retornar ao quilombo, Zumbi já era chefe de um desses mocambos e defendia a região com imensa habilidade.

Palmares sofreu diversas investidas durante quase cem anos. Quando os holandeses invadiram o Brasil, por volta de 1624, esses ataques diminuíram muito: os colonos lusitanos estavam mais preocupados em defender o território das ameaças externas. Foi nessa época que o Quilombo mais se desenvolveu. Entretanto, após a expulsão holandesa em 1654, uma verdadeira campanha contra Palmares se fez surgir. Dezessete expedições organizadas por vilas próximas, bem como pelo próprio governo de Pernambuco, embrenharam-se pela mata para derrubar os palmarinos.

Em 1677 Fernão Carrilho – reconhecido pelas autoridades como exímio caçador de negros – entrou em ação. Marchando contra Palmares com seus combatentes, Carrilho conseguiu derrubar alguns chefes de mocambos e matar vários quilombolas. Neste ataque, Ganga Zumba foi ferido, mas ainda assim conseguiu fugir. Em decorrência disso, foi levado a aceitar um tratado de paz proposto pelo governador de Pernambuco em que se prometia liberdade apenas aos nascidos no Quilombo.

Aos 23 anos, Zumbi rejeitou a paz dos escravistas, paz que garantia sua liberdade – pois nascera em Palmares. Desmoralizado por aceitar a proposta, Ganga Zumba viu-se diante de uma operação dos quilombolas organizados para depô-lo, sob a liderança de Zumbi, que nesse contexto tornou-se o líder maior do quilombo. Ganga Zumba desistiu de tudo, partiu para Cacaú, ao sul de Pernambuco, aonde viria a morrer envenenado pouco tempo depois. Acredita-se que tenha sido morto por enviados de Zumbi.

Zumbi assumiu o posto de chefe maior e reorganizou toda a estrutura de Palmares. Preparou seus homens para os combates que estavam por vir. Durante esse período, o governador de Pernambuco e a própria Coroa procuraram negociar, garantindo vida ao líder e a seus familiares, caso aceitasse a rendição. Zumbi preferiu lutar a entregar seu povo: sua dignidade não tinha preço.

Os senhores de engenho não aceitavam as perdas de escravos, mercadorias muito valiosas; o governo colonial não suportava mais tanta derrota. Foi quando surgiu a ideia de contratar os bandeirantes paulistas, conhecidos por serem grandes desbravadores e verdadeiros assassinos.

Na guerra contra Zumbi e o povo de Palmares o sistema escravista pretendia varrer da memória coletiva até a lembrança da existência de possibilidades reais das populações oprimidas construírem uma alternativa à estrutura social baseada na exploração do trabalho forçado. O combatente que representava os civilizados escravagistas: Domingos Jorge Velho.

Sobre este paulista, encarregado de destruir Palmares, escreveu em 1697 um seu contemporâneo, o Bispo de Pernambuco: "Este homem é um dos maiores selvagens com que tenho topado... tendo sido sua vida, desde que teve razão – se é que teve, de sorte a perdeu tanto que entendo não a achará com facilidade – até o presente, andar pelos matos à caça dos índios, e de índias, estas para o exercício das suas torpezas e aqueles para o granjeio de seus interesses."

Após uma primeira derrota, Domingos Jorge Velho iria travar a batalha definitiva no ano de 1694. Antes de completar 25 anos de vida, Zumbi se recusou a desistir de lutar pela liberdade sem adjetivos, concessões ou condições: combateria até o fim.

Apesar de toda a violência e da selvageria dos prepostos do sistema colonial, não foi possível derrotar o símbolo do heroísmo do povo brasileiro. Após muitos anos de luta os escravistas não conseguiram submeter a alma dos resistentes. Cada guerreiro morto em defesa do direito à liberdade é um exemplo de que só existimos na plenitude quando somos livres. E morrer nessa luta significa dar a vida pela própria vida.

Símbolo da resistência à dominação, Zumbi dos Palmares é referência legada tanto às gerações africanas trazidas ao Brasil quanto aos seus descendentes afro-brasileiros. Mestre na luta pela liberdade, seu vulto se confunde com o caminho para a consciência do povo brasileiro.

> *"Minha espada espalha o sol da guerra/ Rompe mato, varre céus e terra/ A felicidade do negro é uma felicidade guerreira/ Do maracatu, do maculelê e do moleque bamba/ Minha espada espalha o sol da guerra/ Meu quilombo incandescendo a serra/ Taliqual o leque, o sapateado do mestre-escola de samba/ Tombo da ladeira, rabo de arraia, fogo de liamba..."*
> Gilberto Gil & Walid Salomão, *Zumbi, a felicidade guerreira*

Acompanhado de um grupo considerável de combatentes fortemente armados, Domingos Jorge Velho se lançou em direção à Cerca Real do Macaco, onde se encontravam Zumbi e todo o seu exército. Grande foi sua surpresa ao encontrar o esquema de defesa montado pelos quilombolas. Muros gigantescos de pedra e madeira formavam três fileiras, seguidas logo após por buracos camuflados com estacas pontiagudas em seu interior. Em seguida, outra muralha mais comprida, contava com guaritas que abrigavam atiradores.

Amedrontado, Jorge Velho mandou buscar canhões de Recife e construiu paralelamente à muralha de Zumbi, outra muralha. O ataque foi fatal. O grande chefe dos quilombolas foi apanhado de surpresa pelo descuido da sentinela. Muitos morreram combatendo ou se suicidaram; outros tentaram fugir pelo lado esquerdo da Cerca Real, onde havia enorme precipício. Zumbi foi um dos que conseguiu sobreviver à matança, mas Palmares foi inteiramente destruída.

Zumbi comandou seus guerreiros e venceu inúmeras batalhas empregando com talento as técnicas da guerra de guerrilhas. No combate em posição fixa encontrou o fracasso. Perdeu o domínio da Serra da Barriga, onde se estabeleceram – entre disputas e conflitos pessoais - os vencedores: bandeirantes, militares e "homens de bem" de Pernambuco e Alagoas. Só restava uma alternativa: retornar à estratégia da guerra do mato. Eram cerca de mil homens. Os guerreiros foram divididos em dois bandos e foi confiada a chefia de um dos grupos a um companheiro chamado Antônio Soares, que sofreu uma emboscada. Soares foi preso e enviado sob forte escolta para Recife.

Nesse trajeto a escolta se encontrou com uma bandeira, chefiada por André Furtado. Soares foi seqüestrado e por longo tempo sofreu violentas torturas aplicadas por seus captores: queriam que revelasse onde era o esconderijo de Zumbi. Como não obtinha êxito, Furtado mudou de tática: garantia sua vida e liberdade se cooperasse. Deu certo. Soares era da confiança de Zumbi. Foram em sua procura, e quando Zumbi se preparava para abraçar o companheiro, foi surpreendido: Soares cravou-lhe uma faca na barriga.

Nos olhos de Zumbi deve ter surgido então outro brilho: de tristeza e desencanto. Dos seis guerreiros que o acompanhavam, a fuzilaria que saía do mato ao redor derrubou cinco, de imediato. Ferido e sozinho lutou até o último momento: matou um dos atacantes e feriu a outros. Amanhecia o dia 20 de novembro de 1695.

Zumbi foi esfaqueado, baleado e mutilado, tendo seu pênis decepado e enfiado em sua boca. Era um homem magro, pequeno e coxo; muito diferente da imagem construída a seu respeito. Seu corpo foi reconhecido pelo padre Antônio Melo, o mesmo que batizara o pequenino Francisco. Segundo o padre, algumas vezes Zumbi desceu a Porto Calvo para visitar seu antigo tutor e numa dessas visitas o guerreiro já estava com a perna afetada por um ferimento sofrido em combate.

A violência contra Zumbi não parou aí: sua cabeça foi cortada, mergulhada em sal e mandada para Recife, com a finalidade de ser vista pelo povo que o considerava imortal. Mas isso de nada disso foi suficiente para impedir que renascesse num mito: sua coragem, sua força se tornaram eternas para os que continuaram resistindo contra a escravidão. Assim é que nos muitos quilombos que se formaram pelo Brasil nos séculos seguintes e para os que hoje relembram a sua história de luta, Zumbi permanece vivo na lição de resistência.

De forma exemplar, Zumbi encarna os horrores do escravismo. Zumbi permanece vivo na lição de resistência e é – para sempre! – um cadáver insepulto, um morto vivo. Sua lembrança sobreviverá aos tempos que nos obrigam a sonhar, à historiografia oficial que insiste em ignorar sua real importância. Permanecerá como símbolo das atrocidades infindáveis do poder ilimitado, arbitrário, prepotente. Ficará, acima de tudo, como exemplo a todos que resistem à opressão e lutam por liberdade e justiça.

"Em cada estalo, em todo estopim, no pó do motim
Em cada intervalo de guerra sem fim
Eu canto, eu canto, eu canto assim
A felicidade do negro é uma felicidade guerreira..."
Gilberto Gil & Walid Salomão, Zumbi, a felicidade guerreira

II
CAPOEIRA & CAPOEIRAS

"Meu chapéu de lado
tamanco arrastando
lenço no pescoço
navalha no bolso,
eu passo gingando
provoco desafio,
eu tenho orgulho
de ser vadio.
Sei que eles falam
desse meu proceder,
eu vejo quem trabalha
andar no miserê.
Eu sou vadio
porque tive inclinação.
Quando era criança,
tirava samba-canção."
Wilson Batista, Lenço no Pescoço.

A Arte da Capoeira

Histórias da Capoeira

*"Vou contar uma história
do tempo da escravidão
vou contar com muita dor
muita dor no coração"*

Fornecendo elementos para a história do Brasil, jogo da Capoeira se fez presente em todos os períodos, desde a colônia. Inúmeros memorialistas e cronistas de costumes fixaram a imagem de capoeiras célebres e suas peripécias, sendo possível flagrar a construção da identidade brasileira através do acompanhamento da história da capoeira.

Acredita-se que a existência da Capoeira remonte às senzalas, às fugas dos negros e aos quilombos brasileiros da época colonial: os escravos fugitivos, para se defenderem, fazendo do próprio corpo uma arma. As origens da Capoeira estão nesse ambiente, onde os negros relembravam suas velhas danças e rituais da África. A maioria dos golpes assemelha-se às defesas e ataques de animais: a marrada do touro, o coice do cavalo, a fisgada do rabo de arraia. Ou então guardam relação com instrumentos de trabalho cuja ação é semelhante aos movimentos do corpo dos capoeiras: o martelo batendo, a foice roçando o mato.

Não há indicações seguras de que a Capoeira, conforme a conhecemos no Brasil ainda hoje, tenha se desenvolvido em qualquer outra parte do mundo. Não existem pesquisas históricas a respeito da capoeira que comprovem a sua prática nos séculos XVI e XVIII. Não é possível, portanto, reconstruirmos o processo que levou ao deslocamento da capoeira do campo à cidade. Esse processo pode ter ocorrido por volta do começo do século XIX, considerando que datam desse período as primeiras referências históricas (até agora conhecidas) referentes aos capoeiras urbanos.

No século XIX, os três principais centros históricos da capoeira eram as cidades do Rio de Janeiro, Salvador e Recife. Destacava-se a Capoeira carioca em virtude da presença maciça e organizada das maltas de capoeiras, as quais se distribuíam por todas as freguesias da Corte.

À época do Brasil colonial, a presença da Capoeira já se encontrava de tal forma sedimentada na sociedade que os capoeiras passaram a formar uma classe. Premidos pelas circunstâncias, faziam usos variados da habilidade que a arte lhes conferia. Com o emprego de diversos instrumentos de ataque e defesa, passaram a prestar serviços aos membros das classes dominantes, que deles se serviam para a execução de crimes que garantiam a continuidade no poder.

As descrições do século XIX revelam o emprego da mandinga como estratégia eficiente de luta dos capoeiras.

O pintor Rugendas (1835), retratou a Capoeira na gravura intitulada *Jogar capoeira ou dança da guerra*. Nela dois negros gingam ao som de um atabaque – tocado por um negro sentado – diante de uma assistência composta por nove negros (dentre os quais três mulheres). O cronista refere-se ao que vê como uma "dança da guerra" ou um "folguedo guerreiro", onde há "campeões" e "adversários" e como uma "briga" na qual as "facas" acabam com a "brincadeira".

Discorrendo sobre os "usos e costumes dos negros", após mencionar uma "espécie de dança militar" Rugendas faz a seguinte descrição: "(...) outro folguedo guerreiro, muito mais violento, a 'capoeira': dois campeões se precipitam um contra o outro, procurando dar com a cabeça no peito do adversário que desejam derrubar. Evita-se o ataque com saltos de lado e paradas igualmente hábeis; mas, lançando-se um contra o outro mais ou menos como bodes, acontece-lhes chocarem-se fortemente cabeça contra cabeça, o que faz com que a brincadeira não raro degenere em briga e que as facas entrem em jogo ensanguentando-a".

O cronista Luiz Edmundo fez interessante registro do capoeira dessa época, em 'O Rio de Janeiro no Tempo dos Vice-Reis', retratando o "Capoeira Carioca":

"De volta, pelo caminho que vai à vala, penetramos a Rua dos Ourives, das de maior concorrência na cidade.

'À porta do estanco de tabaco está um homem diante de um frade nédio e rubicundo. Mostra um vasto capote de mil dobras, onde a sua figura escanifrada mergulha e desaparece deixando ver apenas, de fora, além de dois canelos finos, de ave pernalta, uma vasta, uma hirsuta cabeleira, onde naufraga em ondas tumultuosas alto feltro espanhol.

'Fala forte. Gargalha. Cheira a aguardente e discute. É o capoeira.

'Sem ter do negro a compleição atlética ou sequer o ar rijo e sadio do reinol é, no entanto, um ser que toda a gente teme e o próprio quadrilheiro da justiça, por cautela, respeita.

'Encarna o espírito da aventura, da malandragem e da fraude; é sereno e arrojado e na hora da refrega ou da contenda, antes de pensar na chupa ou na navalha, sempre ao manto cosida, vale-se de sua esplêndida destreza, com ela confundindo e vencendo os mais armados e fortes contendores.

'Nessa hora o homem franzino e leve transfigura-se. Atira longe o seu feltro chamorro, seu manto de saragoça e aos saltos, como um símio, como um gato, corre, recua, avança e rodopia; ágil, astuto, cauto e decidido. Nesse manejo inopinado e célere, a criatura é um ser que não se toca, ou não se pega, um fluido, o imponderável, pensamento, relâmpago. Surge e desaparece.

'Mostra-se de novo e logo se tresmalha. Toda sua força reside nessa destreza elástica que assombra e diante da qual o tardo europeu vacila atônito, o africano se trasteja.

'Embora na hora da luta traga ele entre a dentuça podre o ferro da hora extrema, é da cabeça, braço, mão e perna ou pé que se vale para abater o êmulo minaz.

'Com a cabeça em meio aos pulos em que anda, atira a cabeçada sobre o ventre daquele com quem luta e o derruba. Com a perna lança a trave, o calço. A mão joga a tapona e com o pé a rasteira, o pião e ainda o rabo de arraia.

'Tudo isso numa coreografia de gestos que confunde. Luta com dois, com três, e até quatro ou cinco. E os vence a todos. Quando os quadrilheiros chegam com suas armas e os seus gritos de justiça, sobre o campo de luta nem traço mais se vê do capoeira feroz que se fez nuvem, fumaça e desapareceu.

'Na hora da paz ama a música, a doçura sensual do brejeiro lundu, dança a fôfa, a chocaina e a sarambeque pelos lugares onde haja vinho, jogo, fumo e mulatas. Frequenta os pátios das tabernas, os antros da maruja para os lados do Arsenal. Usa e abusa da moral da ralé, moral oblíqua, reclamando pelourinho, degredo e às vezes, forca.

'Tem sempre por amigo do peito um falsário, por companheiro de enxerga um matador profissional e por comparsa, na hora da taberna, um ladrão. No fundo, ele é mau porque vive onde há o comércio do vício e do crime. Socialmente, é um cisto, como poderia ser uma flor. Não lhe faltam, a par dos instintos maus, gestos amáveis e enternecedores. É cavalheiresco para com as mulheres. Defende os fracos. Tem alma de Dom Quixote. E com muita religião. Muitíssima. Pode faltar-lhe ao sair de casa o aço vingador, a ferramenta de matar, até a própria coragem, mas não se esquece do escapulário sobre o peito e traz na boca, sempre, o nome de Maria ou de

Jesus.

'Por vezes, quando a sombra da madrugada ainda é um grande capuz sobre a cidade, está ele de joelhos, compassivo e piedoso, batendo no peito, beijando humildemente o chão, em prece, diante de um nicho iluminado, numa esquina qualquer. Está rezando pela alma do que sumiu do mundo, do que matou.

'É de crer que como sentimento, o capoeira é realmente um tipo encantador..."

Durante a primeira metade do século XIX, a Capoeira parece ter se configurado como uma experiência essencialmente escrava. Entretanto, a partir dos anos 1850, altera-se a composição étnica e social de seus praticantes, com a incorporação de libertos e livres, muitos dos quais brancos. Dentre esses últimos havia alguns membros da elite e também inúmeros estrangeiros, predominantemente portugueses. Tal ampliação introduz mudanças na prática da capoeira como a disseminação do uso da navalha, característico dos fadistas lusitanos.

Durante o segundo reinado, algumas maltas de capoeira tiveram intensa atuação política, inclusive atuando junto aos partidos da época. A aproximação com a política monárquica lhes acarretará uma implacável perseguição por parte dos republicanos sendo que estes, ao assumirem o poder, incluirão a prática da capoeira como um crime previsto pelo Código Penal de 1890.

Já em 1872 levantavam-se as primeiras vozes pedindo a criminalização da capoeira. Reconhecendo os esforços da polícia para reprimir a "audácia" dos capoeiras, "terror da população pacífica", o chefe de polícia do Rio de Janeiro reclama, em seu relato anual, da dificuldade de se reprimir a capoeira posto que esta "não é um crime de acordo com o Código Criminal" – relata T. Holloway em '*A Healthy Terror: Police Repression of Capoeiras in Nineteehth-Century Rio de Janeiro*'.

Informa Holloway que seis anos depois, novamente se fala sobre o assunto, porém observa-se uma diferença qualitativa na razão da perseguição aos capoeiras. Se, até aqui, os capoeiras são perseguidos, principalmente, porque oferecem algum tipo de ameaça física aos "pacíficos cidadãos", seja quando "cometem ferimentos" ou "provocam desordens", agora o argumento primordial é outro. Referindo-se à Capoeira como uma "doença moral" que prolifera na "grande e civilizada cidade", o chefe de policia da Corte ressalta a necessidade de se formalizar a criminalização da capoeira, sugerindo a deportação dos estrangeiros e o envio dos brasileiros para colônias penais.

Nesse período muda o motivo central da argumentação policial: o discurso da repressão passa a coadunar-se com os pressupostos evolucionistas vigentes àquela época. Esses conceitos, pautados numa abordagem biológica do social, pressupunham a inferioridade racial do negro. Assim, o temor do "contágio moral" da "barbárie negra" orientava a ação das autoridades.

No entanto, a Capoeira – ao mesmo tempo em que se intensifica a perseguição policial – começará ser descrita por alguns literatos cariocas, não apenas pelo que "tem de mau e bárbaro", mas também como uma "excelente gymnastica", a ser adotada inclusive nas escolas e quartéis, surgindo aqui uma nova representação social para essa prática, vista agora como "herança da mestiçagem no conflito das raças" e, portanto, "nacional" diz Moraes Filho, em *Festas e Tradições Populares do Brasil*, de 1893.

Muitos dos nossos escritores empolgaram-se com a Capoeira e seus adeptos. Joaquim Manuel de Macedo, em *Memórias de Um Sargento de Milícias*; Aluízio de Azevedo, em *O Cortiço*, são alguns dos que buscaram retratar cenas do período em que capoeiras pontificavam, criando e imortalizando personagens inspirados nas suas lutas.

Desde o Império (1822-1889) a presença da Capoeira na vida brasileira foi acentuada. Consta que possuía D. Pedro I um capoeira como guarda-costas, servindo-lhe de proteção em suas andanças noturnas. E não eram poucos os nobres que dominavam recursos da Capoeira. Os negros encarregados dos serviços domésticos muitas vezes ensinavam aos sinhozinhos alguns de seus segredos. Cada vez mais a luta era praticada, rompendo todas as barreiras.

O capoeira dessa época tinha por escola as praças, ruas e corredores. Formavam bandos perigosos que se davam a conhecer entre si pelas características dos chapéus, lenços, roupas, fitas e tantas convenções quanto era possível imaginarem.

A criminalização da capoeira não foi consensual, mas significou a vitória política de uma determinada facção da classe dirigente nacional.

Em 11 de outubro de 1890 foi promulgada a Lei nº 487, de autoria de Sampaio Ferraz, proibia a prática da capoeira e previa punição de 2 a 6 meses de trabalho forçado na ilha de Fernando de Noronha. No artigo 402, que tratava "Dos vadios capoeiras", lia-se:

"Fazer nas ruas e praças públicas exercícios de agilidade e destreza corporal conhecidos pela denominação capoeiragem; andar em correrias, com armas ou instrumentos capazes de produzir uma lesão corporal, provocando tumulto ou desordem, ameaçando pessoa certa ou incerta, ou incutindo temor de algum mal. Pena – prisão celular de dois a seis meses. Parágrafo único: é considerado circunstância agravante pertencer o capoeira a algum bando ou malta. Aos chefes e cabeças se imporá a pena em dobro".

Como não eram apenas os negros e mestiços que praticavam a Capoeira, a lei acabou atingindo importantes pessoas da nobreza. Exemplo disso foi o conhecido caso de José Elísio dos Reis. Seu pai era o conde de Matosinhos, proprietário do jornal *O País*. Conhecido de todos como praticante da Capoeira, Juca Reis, antes da aprovação da lei estava em Portugal. Quando retornou ao Brasil foi preso por Sampaio Ferraz. A sua liberdade foi conseguida graças à influência de Quintino Bocaiúva, ministro das Relações Exteriores no primeiro governo republicano brasileiro. Quintino ameaçou renunciar ao cargo se Juca Reis não fosse liberto. O ministro teve seu pedido aceito pelo marechal-presidente Deodoro: o capoeira Juca Reis foi solto e retornou a Portugal.

Os capoeiras foram perseguidos por todo o século XIX. Se por um lado a sua ação provocava verdadeiro pânico numa parcela da população – especialmente nas elites! – que apoiava a repressão policial, muita gente desconfiava dessa ação. O texto publicado no jornal *Diário de Notícias*, da cidade do Rio de Janeiro, em 19 de janeiro de 1890, é uma amostra irônica da reação popular à violenta campanha policial:

"É polícia das primeiras/É levadinha do diabo/Deu cabo dos capoeiras/Vai dos gatunos dar cabo/Já da navalha afiada/A ninguém o medo aperta/Vai poder a burguesada/Ressonar com a porta aberta/A ir assim poderemos/Andar mui sossegadinhos/Nessa terra viveremos/Como Deus com seus anjinhos/Ai! Assim continuando/A polícia hemos de ver/As suas portas fechando/Por não ter mais que fazer"

Melo Moraes Filho, em *Festas e Tradições Populares do Brasil* fala a respeito dos grupos que formavam – as maltas – e suas proezas ao tempo do Império: "A categoria de chefe da malta só atingia aquele cuja valentia o tornava inexcedível e de chefe dos chefes o mais afoito entre estes, mais refletido e prudente.

Os capoeiras, até quarenta anos passados, prestavam juramento solene e o lugar escolhido para isso eram as torres das igrejas. As questões de freguesia ou de bairro não os desligavam, quando as circunstâncias exigiam desagravo comum; por exemplo: um senhor, por motivo de capoeiragem, vendia para as fazendas um escravo filiado a qualquer malta; eles reuniam-se e designavam o que havia de vingá-lo.

No tempo em que os enterramentos faziam-se nas igrejas e que as festas religiosas amiudavam-se, as torres enchiam-se de capoeiras, famosos sineiros que montados na cabeça dos sinos acompanhavam toda a impulsão dos dobres, abençoando das alturas o povo que os admirava, apinhado nas praças ou nas ruas."

Em seguida o memorialista descreve alguns movimentos da Capoeira, com riqueza de detalhes que nos leva a supor não lhe serem desconhecidos os segredos dessa arte: "A capoeiragem antiga e a moderna tem a sua gíria e sua maneira de expressão, pela qual são compreendidos os lances do jogo.

Deveras arriscados, difíceis e dependendo de rapidez e hábito, não é sem longa prática que conseguem tais contendores fazerem-se notáveis. Para darmos uma pálida ideia da gíria e do jogo, ajustamos por aquela algumas evoluções deste. Um dos preparativos mais rudimentares do capoeira é o 'rabo de arraia'. Consiste ele na firmeza de um pé sobre o solo e na rotação instantânea da perna livre, varrendo a horizontal, de sorte que a parte dorsal vá bater no flanco do contendor, seguindo-se após a cabeçada ou a rasteira, infalíveis corolários da iniciação do combate.

'Por 'escorão' entendem eles amparar inesperadamente o pé de encontro ao ventre do adversário, o que é um subterfúgio que difere do 'pé de panzina', que é o mesmo resultado, porém feito não como um recurso do jogo, mas deixando à destreza tempo de varrê-lo.

'O 'passo a dois' (gíria moderna) é um sapateado rápido que antecede à cabeçada e a rasteira, da qual o acometido se livra armando o 'clube x', que quer dizer o afastamento completo das tíbias e união dos joelhos, que formando larga base, estabelece equilíbrio, recebendo no embate o salto da botina, que ainda ofende o adversário.

'O 'tombo da ladeira' é tocar no ar, com o pé, o indivíduo que pula; a 'rasteira a caçador' é o meio ginástico de que se servem para – deixando-se cair sobre as costas, ao mesmo tempo em que se firmam sobre as mãos – derrubarem o contrário imprimindo-lhe com o pé violenta pancada na articulação tíbio tersianal."

Melo Moraes traça um retrato de fatos sociais do Rio de Janeiro e da intensa repressão policial à Capoeira, associada à criminalidade:

"As escolas de capoeiragem multiplicavam nesta cidade, pertencendo cada turma de discípulos a esta ou aquela freguesia.

'Desde a dos caxinguelês, meninos que iam à frente das maltas provocarem inimigos, até a dos mestres que serviam para exercícios preparatórios, esses cursos regulares funcionavam sendo os mais frequentados o da Praia do Flamengo, o do morro da Conceição, o da Praia de Santa Luzia, não falando nas torres das igrejas – ninhos atroados de capoeiras de profissão.

'Alistados nos batalhões da guarda nacional os capoeiras exerciam poderosa influência nos pleitos eleitorais, decidiam das votações, porque ninguém melhor do que eles arregimentavam votos, emprenhavam urnas, afugentavam votantes, etc.

'Muitos dos comandantes dos corpos e grande parte dos aficionados entendiam do jogo, ou eram habilíssimos na arte.

'Os desafios entre as freguesias transmitiam-se por meio de pancadas de sino convencionais e em horas determinadas. Os combates davam-se nas praças, nas ruas, em sítios mais ou menos distantes e desertos.

'Às vezes, interrompendo a marcha de uma procissão, o desfilar de um cortejo, ouvia-se, aos gritos das senhoras correndo espavoridas, dos negros levando senhores moços ao colo, dos pais de família pondo no abrigo a mulher e os filhos, o horroroso 'Fecha! Fecha!'. Os caxinguelês voavam na frente, a capoeiragem disparava indômita, seguindo-se aos distúrbios cabeças quebradas, lampiões apedrejados, facadas, mortes, etc...

'A polícia, amedrontada e sem força, fazia constar que perseguia os desordeiros, acontecendo raríssimas vezes ser preso este ou aquele que respondia a processo.

'Pertencendo à segunda fase da capoeiragem no Rio de Janeiro, essas cenas tiveram lugar durante a administração policial de Eusébio de Queiroz e de seus sucessores, desaparecendo totalmente com a guerra do Paraguai, que não acabou somente com os capoeiras, porém assinalou o termo do patriotismo brasileiro."

Em seguida o cronista discorre acerca das personalidades eminentes da época que se notabilizaram também pelos conhecimentos do jogo da Capoeira:

"É geralmente sabido pela tradição que no Senado, na Câmara dos Deputados, no Exército, na Marinha, no funcionalismo público, na cena dramática e mesmo nos claustros, havia capoeiras de fama, cujos nomes nos são conhecidos.

'Nas garrafadas de março, um dos nossos mais eloqüentes oradores sacros fez prodígios nesse jogo, livrando-se de seus agressores; recordamo-nos de um frade do Carmo que por ocasião de uma procissão de enterro, debandou a cabeçadas e rasteiras um grupo de indivíduos imprudentes que o provocaram.

'Pergunte-se por aí qual o ator cuja valentia e destreza como capoeira eram respeitados, e acreditai que a popularidade precisaria muito para atingir-lhe o pedestal.

'Quando estudamos no Colégio de Pedro II foi nosso lente de francês o bacharel Gonçalves, bom professor e melhor capoeira.

'O Dr. D. M., jurisconsulto eminente e deslumbrante glória da tribuna criminal, cultivou em sua mocidade essa luta nacional, entusiasticamente levada a excessos pelo povo baixo, que a afogou nas desordens, em correrias reprováveis, em homicídios horrorosos.

'Pode-se dizer que de 1870 para cá os capoeiras não existem e se um ou outro verdadeiramente digno desse nome pela lealdade antiga, pela confiança própria e pelo conhecimento da arte resta por aí, veio daquele tempo em que a capoeiragem tinha disciplina e dirigia-se a seus fins.

'Navalhar à traição, deixar-se prender por dois ou três soldados e espancar a um pobre velho, ser vagabundo e ratoneiro, nunca constituíram os espantosos feitos das maltas do passado, que brigavam freguesia com freguesia, disputavam eleições arriscadas, levavam à distância cavalaria e soldados de permanentes quando intervinham em conflitos de suscetibilidade comum.

'O capoeira isolado, naqueles tempos, trabalhava, constituía família, a vadiagem lhe era proibida, não era gatuno, afrontava a força pública e só se entregava morto ou quase morto.

'Como fizemos ver em princípio, as turmas militantes condensavam as classe operárias e os escravos, expressão nítida da capoeiragem de rua."

Em outro momento da sua narrativa, Melo Moraes fala da presença de portugueses e demais cidadãos no meio da Capoeira, à época assimilada como costume popular.

"Não sendo estranhos ao jogo, portugueses havia que se aliavam às maltas avulsas, distinguindo-se entre eles homens de inaudita coragem e espantosa agilidade.

'Luzidas companhias de batalhões da guarda nacional, de que tinham orgulho briosos comandantes, reuniam magnífica rapaziada, de onde eram tirados praças para diligências perigosas, servindo igualmente para as campanhas eleitorais.

'A prova de que a capoeiragem entrava nos nossos costumes está em que não havia menino que não botasse o boné à banda e soubesse gingar, nem escolas que se não desafiassem para brigar, sendo de data recente as lutas entre os famosos colégios Sabino, Pardal e Vitorio."

Mello Moraes Filho dá uma ideia precisa da simulação e dissimulação da intenção durante o jogo de capoeira:

"O capoeira, colocado em frente a seu contendor, investe, salta, esgueira-se, pinoteia, simula, deita-se, levanta-se e, em um só instante, serve-se dos pés, da cabeça, das mãos, da faca, da navalha, e não é raro que um apenas leve de vencida dez ou vinte homens".

Ao encerrar a reportagem da Capoeira no começo do século XIX traça Melo Moraes o perfil do famoso capoeira Manduca da Praia.

"O Manduca da Praia era um pardo claro, alto, reforçado, gibento e quando o vimos usava barba crescida em ponta, grisalha e cor de cobre.

'De chapéu de castor branco ou de palha ao alto da cabeça, de olhos injetados e grandes, de andar compassado e resoluto, a sua figura tinha alguma coisa que infundia temor e confiança.

'Trajando com decência, nunca dispensava o casaco grosso comprido, grande corrente de ouro que prendia o relógio, sapatos de bico revirado, gravata de cor com anel corrediço, trazendo somente como arma uma bengala fina de cana da Índia.

'O Manduca tinha uma banca de peixe na Praça do Mercado, era liso em seus negócios, ganhava bastante e trabalhava com regalo.

'Constante morador da Cidade Nova, não recebia influências da capoeiragem local nem de outras freguesias, fazendo vida à parte, sendo capoeira por sua conta e risco.

'Destro como uma sombra, foi no curro da Rua do Lavradio, canto da do Senado, onde é hoje uma cocheira de andorinhas, que ele iniciou a sua carreira de rapaz destemido e valentão, agredindo touros bravios sobre os quais saltava, livrando-se.

'Nas eleições de S. José dava cartas, pintava o diabo com as cédulas.

'Nos esfaqueamentos e sarilhos próprios do momento ninguém lhe disputava a competência.

'Um dia, na festa da Penha, o Manduca da Praia bateu-se com tanta vantagem contra um grupo de romeiros armados de pau, que alguns ficaram estendidos e os mais inutilizados na luta.

'O fato que mais o celebrizou nesta cidade remonta à chegada do deputado Sant'ana, cavalheiro distintíssimo e invencível jogador de pau, dotado de uma força muscular prodigiosa.

'Sant'ana, que gostava de brigas e não recuava diante de quem quer que fosse, tendo notícia do Manduca, procurou-o.

'Encontrando-se os dois, houve o desafio, acontecendo àquele saltar aos ares ao primeiro canelo do nosso capoeira, depois do que beberam champagne ambos e continuaram amigos."

Outro capoeira famoso no começo do século XX foi Prata Preta, um dos principais líderes populares da Revolta da Vacina (1904), que se notabilizou por seus confrontos com a policia durante o conflito. Sobre essa época é interessante a leitura do relato de Lima Campos, em artigo intitulado "*A Capoeira*", publicado em 1906 na *Revista Kosmos* trazendo o registro de um flagrante testemunhado pelo jornalista:

"A alma do capoeira é o olhar; uma esgrima sutil, ágil, firme, atenta, em que a retina é o florete flexível, penetrante, indo quase devassar a intenção ainda oculta, o desejo apenas pensado, voltada sempre para o adversário, apanhando-lhe todos os movimentos, surpreendendo-lhe os mais insignificantes ameaços, para desviá-los, em tempo, com a destreza defensiva dos braços em rebates lépidos ou evitá-los com os desvios laterais e os recuos saltados do corpo, leve, sobre ponta de pés, até facultar e perceber a aberta e entrar, 'para ver como é, para contar como foi', segundo o calão próprio.

'O capoeira não inutiliza unicamente o adversário pelos seus golpes; inutiliza-o também, e pior, pelo ridículo.

'Não lutava em silêncio, proferia sempre termos grosseiros visando exasperar, ridicularizar o contendor. Na churumela (cabeçada), por exemplo, que eles denominavam 'levar a torre do pensamento ao aparelho mastigante do poeta', o adversário era atingido com a cabeça num golpe vigoroso, desfechado embaixo do queixo, projetado no espaço e finalmente, esborrachava-se de ventre no chão, ou em cambalhotas com pernas para cima".

O jornalista e escritor Coelho Neto (1864-1934), professor de Literatura e Teatro, formado pela Faculdade de Direito do Largo do São Francisco, autor de mais de cem obras literárias e um dos fundadores da Academia Brasileira de Letras (cadeira n° 2), também praticou a Capoeira. Em '*O Nosso Jogo*', um dos capítulos do seu livro *Bazar*, também registra suas impressões sobre as características da arte no seu tempo:

"O que matou a capoeiragem entre nós foi... a navalha. Essa arma, entretanto, sutil e covarde, raramente aparecia na mão de um chefe de malta, de um verdadeiro capoeira, que se teria por desonrado se, para derrotar um adversário, se houvesse de servir do ferro".

Em outra passagem Coelho Neto esclarece que a arma era descartada pelo capoeira que sabia aplicar com eficiência os golpes, tirando de ação o adversário: "O capoeira digno não usava navalha: timbrava em mostrar as mãos limpas quando saía de um turumbamba (briga; desordem). Generoso, se trambolhava (aplicava queda violenta) o adversário, esperava que ele se levantasse para continuar a luta porque "não batia em homem deitado"; outros diziam, com mais desprezo, "em defunto".

É interessante observar os contornos do perfil do capoeira carioca descrito por Coelho Neto: "O capoeira que se prezava tinha ofício ou emprego, vestia com apuro e, se defendia uma causa, como aconteceu com a do Abolicionismo, não o fazia como mercenário.

'Quanto às provas de superioridade da capoeiragem sobre os demais esportes de agilidade e força são tantas que seria prolixa a enumeração.

'Além dos feitos dos contemporâneos de Boca Queimada e Manduca da Praia – heróis do período áureo do nosso desestimado esporte – citarei entre outros, a derrota de famoso jogador de pau, guapo rapagão minhoto, que Augusto Mello duas vezes atirou de catrambias (desprezo) no pomar da sua chacarinha em Vila Isabel onde, depois da luta e dos abraços de cordialidade, foi servida vasta feijoada.

'Outro: a tunda infligida por Zé Caetano e dois cabras destorcidos a grupo de marinheiros franceses, de uma corveta Palas. A maruja não esteve com muita delonga e, vendo que a coisa não lhe cheirava bem em terra, atirou-se ao mar, salvando-se a nado, da agilidade dos três turunas, que a não deixavam tomar pé".

O escritor Manoel Querino, no *Jornal de Notícias*, da cidade de Salvador, na Bahia, do dia 2 de junho de 1914, em depoimento intitulado '*A Combuca Eleitoral*' trata das disputas entre liberais e conservadores e do papel dos capoeiras a soldo dos partidos, na ocasião em que se realizavam as eleições.

"O capoeira fora sempre figura indispensável nos pleitos eleitorais, fazendo respeitar a opinião de correligionários, provocando a desordem, sempre que se fazia necessário; espancando o adversário e contribuindo desse modo para a formação da Câmara dos Fagundes."

Prosseguindo em sua narrativa Manoel Querino descreve o dia do pleito eleitoral: "Chegado que fosse o dia da eleição, estavam as hostes preparadas para a luta, cada partido arregimentava o seu pessoal, composto de votantes, turbulentos, capoeiras e aderentes. Todos a postos começava a chamada, no campo da matriz da paróquia. Na ocasião aprazada, dava-se um conflito, era o meio de perturbar a eleição. Chamava-se um cidadão para votar; o grupo político que dispunha de maior número de desordeiros gritava: – É fósforo! – É! – Não é!... E fechava-se o tempo... Gritos, protestos, doestos, uma vozeria ensurdecedora, e, por fim, recorriam ao argumento decisivo – o cacete; e o sangue dos partidários ensopava as lajes do templo, sendo alguma vez interdito pela autoridade diocesana.

'Aproveitando a confusão do momento, o votante mais sagaz introduzia na urna um maço de chapas. Chamava-se esta ação – emprenhar a urna. De modo que a vitória das urnas estava na razão de quem dispunha dos maiores elementos de desordem, fossem paisanos ou militares."

O mesmo sistema que gerava a miséria provocava as turbulências no contexto social: fabricava aquele estado de coisas. Os capoeiras faziam uso da violência, indistintamente, contra membros de uma sociedade que sobrevivia à custa da escravidão, a violência institucionalizada sempre gerando mais violência.

Enquanto isso, a Capoeira fazia mais adeptos, em todas os segmentos sociais. Segundo Francisco Pereira da Silva, o escritor Coelho Neto era exímio na arte:

"Ágil na pena quanto destro na rasteira, duas vezes publicamente se valeu do ensino da capoeiragem recebido nos tempos de rapaz. Josué Montello refere-se a um destes episódios, precisando a data de 6 de agosto de 1886, quando à noite em *meeting* de abolicionistas no Teatro Politeama do Rio de Janeiro, discursava Quintino Bocaiúva. A certa altura, capoeiristas a soldo dos escravocratas irrompem das galerias e armam tremendo salseiro. Luzes apagadas vem Coelho Neto e realiza a incrível proeza de desarmar o chefe do bando, que outro não era senão Benjamim – o mais temível capoeira carioca."

De outra feita, o mesmo romancista Coelho Neto, em episódio também narrado por Josué Montello e aqui transcrito de Pereira da Silva, demonstrou seus atributos de destreza e valentia: "Na Academia Brasileira de Letras, fizera o tribuno maranhense referência em desfavor de um colega de imortalidade. Dias depois lhe apareceu um filho do suposto ofendido exigindo satisfação. Gravemente desentenderam-se e o jovem, que era atleta, não retardou seu golpe de jiu-jitsu. Instantaneamente e com agilidade felina, partiu Coelho Neto para o rabo de arraia levando o insolente a beijar o pó da calçada e a sumir no oco do mundo..."

Do capoeira da Bahia, no século passado, traçou Manoel Querino um perfil da sua figura inconfundível, que em muito se assemelhava à do seu contemporâneo capoeira do Rio de Janeiro: "Era um indivíduo desconfiado e sempre prevenido. Andando nos passeios, ao aproximar-se de uma esquina tomava imediatamente a direção do meio da rua; em viagem se uma pessoa fazia o gesto de cortejar a alguém, o capoeira, de súbito, saltava longe, com a intenção de desviar uma agressão, embora imaginária.

'Eram conhecidos à primeira vista pela atitude singular do corpo, pelo andar arrevesado, pelas calças de boca larga, ou pantalona, cobrindo toda a parte anterior do pé, pela argolinha de ouro na orelha, como insígnia de força e valentia, e o nunca esquecido chapéu à banda."

Muitos foram os capoeiras que deixaram seus nomes e feitos inscritos nas páginas dos cronistas da história, deixando evidente a aptidão para feitos de coragem e bravura. Exemplo disso são as páginas do jornalista e escritor Monteiro Lobato, cronista e romancista, criador do *Sítio do Pica-pau Amarelo* e seus personagens, obra que o imortalizaria como maior nome da literatura infantil brasileira. O seu testemunho sobre o *22 do Marajó* foi transcrito por João Lyra Filho, em *Introdução à Sociologia dos Desportos*: "Trata-se de um marinheiro, mestre em desordens, habituado a revirar de pernas para o ar quiosques portugueses; imperava na Saúde, onde suas proezas de capoeira exímio andavam de boca em boca. Tantas fez que o governo o mandou para o Norte, onde foi servir no Alto Amazonas. Ali aclimado, tornou-se rapaz sereno. Com boa pinta, ferrou namoro com a mulher de um *ship-chandler*, tornando-se seu amante. Mas o trio teve pouca duração; o marido enganado morreu. O marujo casou-se com a viúva, herdeira de bons pacotes, pediu baixa e seguiu para a Europa. No velho mundo, permaneceu dois anos, ao cabo dos quais veio morar no Rio de Janeiro.

'O marinheiro já era outro; transformado em perfeito cavalheiro, embasbacava a Rua do Ouvidor com o apuro dos trajes, as polainas de gala, as luvas de pelica e a cartola café-com-leite. Ninguém sabia quem ele era, embora parecesse um fidalgo. Impávido, petroneando de monóculo olhava de cima. De hábitos certos, todos os dias passava pelo largo São Francisco, assim como paca pelo carreiro. O logradouro era ponto de encontro preferido por alguns rapazes grã-finos, fortemente despeitados ante a esmagadora elegância do desconhecido. Este passou a ser visto como um rival, sobretudo no jogo lúdico do namoro com as donzelas. Os rapazes decidiram quebrar a proa do novo êmulo. Certa vez em que este passava mais imponente do que nunca, coincidiu aproximar-se da roda um capoeira 'mordedor', que se gabava de ser um mestre em soltas. 'Solta' era uma cabeçada desferida no adversário, sem encosto da mão.

'Veio a hora da 'mordida' e com ela a hora da forra. Os rapazes selaram o trato: o capoeira embolsaria cinco mil réis, desde que sapecasse uma solta naquele freguês de monóculo. 'É pra já', disse o valentão, já indo ao encontro do rival. Postou-se perto, na calçada por onde caminhava o '22', desperdiçando passos de lorde e esticado dentro do croisô confeccionado em Londres Um, dois, três. Quando o antigo marujo o defrontou, o capoeira avançou e despejou-lhe primorosa cabeçada. Mas o adversário, surpreendido, quebrou o corpo e mandou a cabeçada do agressor beijar a parede. Ao mesmo tempo, com um pé bem manobrado, plantou-o no chão com uma rasteira de placa. O 'mordedor' ergueu-se, tonto e confuso, para desabar, novamente, com outra rasteira de estilo. De agressor passara a agredido; desnorteado, deu sebo às canelas e foi amansar o galo da cabeça a cem passos adiante.

'O Petrônio ficou por ali mesmo, onde estava dando-se ao conserto do laço da gravata. Mas não perdeu o ímpeto transformado no desprezo dirigido aos rapazes grã-finos e mofinos da roda elegante: ' – Só uma besta desta dá soltas sem negaça. Já o Cincinato Quebra-Louça dizia que soltas sem negaça só em lampião de esquina; se grampeasse, vá lá. O Trinca-Espinha, o Estrepolia e o Zé da Gamboa admitem soltas neste caso. Mas, assim mesmo, só quando o semovente não é firme de letra.' E, num giro de bengala entre os dedos, rematou com um suspiro de saudade: ' – Já gostei desse divertimento. Hoje, minha posição social não me permite cultivá-lo. Mas vejo, com tristeza, que a arte está decaindo.' E lá se foi, imperturbável e superior, monologando. 'Soltas sem negaça... Forte besta!'

'Mas os rapazes não se deram por vencidos. Recuperados após o estupor, uma nova tentativa de desforra cresceu no ânimo deles. A desforra deveria ser contundente. Já então, a surra deveria ser mediante contrato: adjudicaram a empresa ao famoso Dente de Ouro, da Saúde, que haveria de romper o baluarte e quebrar de vez a proa ao estranho figurão. Tudo bem assentado foram colocar-se no momento aprazado junto ao carreiro, com o rompe-e-rasga à frente. 'É aquele lá' - apressaram-se em dizer, assim que ao longe repontou a cartola café-com-leite do sobranceiro lutador. Dente de Ouro avançou para o desconhecido; ao defrontá-lo, entreparou e abriu-se num grande riso palerma: 'Ei 22! Você por aqui?' E a resposta: '- Cala o bico, moleque, e tome lá para o cigarro. Afasta-te que hoje sou gente; não ando em más companhias.' E o 22 do Marajó seguiu caminho honesto, depois de meter uma pelega de dez na mão do Dente de Ouro. Este, alisando a nota, voltou ao grupo dos grã-finos. 'Então?' - um dos rapazes interrogou-o, desnorteado com o imprevisto desfecho. - 'Cês tão besta? Aquele é o 22 do Marajó, tem corpo fechado para sardinha e pé que nunca melou saque!"

Em *A Alma Encantada das Ruas*, João do Rio, pseudônimo de Paulo Barreto, jornalista, romancista, cronista, teatrólogo e contista, autor de *Dentro da Noite*, *A mulher e Os Espelhos*, e dos livros de reportagens *As*

Religiões do Rio e *Movimento Literário,* nascido em 1880 e que veio a falecer em 1921, na crônica *Presepes,* aborda um grupo carnavalesco formado por negros da Bahia, que tem sua sede na praia Formosa, o Rei de Ouros. Descrevendo suas conversas com Dudú, um dos integrantes do grupo, quanto à composição do Presepes, indagou:

"– Mas porque, continuo eu curioso, põem vocês junto do rei Baltazar aquele boneco de cacete?

'– Aquele é o rei da capoeiragem. Está perto do rei Baltazar porque deve estar. Rei preto também viu a estrela. Deus não esqueceu a gente. Ora, não sei se V.S. conhece que Baltazar é pai da raça preta. Os negros de Angola quando vieram para a Bahia trouxeram uma dança cungú, em que se ensinava a brigar. Cungú com o tempo virou mandinga e S. Bento.

'– Mas o que tem tudo isso?

'– Isso, gente, são nomes antigos da capoeiragem. Jogar capoeira é o mesmo que jogar mandinga. Rei da capoeiragem tem seu lugar junto de Baltazar. Capoeiragem tem sua religião.

'Abri os olhos pasmados. O negro riu.

'– V.S. não conhece a arte? Hoje está por baixo. Valente de verdade só há mesmo uns dez: João da Sé, Tito da Praia, Chico Bolivar, Marinho da Silva, Manoel Piquira, Ludgero da Praia, Manoel Tolo, Moisés, Mariano da Piedade, Cândido Baianinho e outros... Esses cabras sabiam jogar mandingas como homens...

'– Então os capoeiras estão nos presepes para acabar com as presepadas.

'– Sim senhor. Capoeiragem é uma arte, cada movimento tem um nome. É mesmo como sorte de jogo. Eu agacho, prendo V.S. pelas pernas e viro: – V.S. virou balão e eu entrei de baixo. Se eu cair virei boi. Se eu lançar uma tesoura eu sou um porco, porque tesoura não se usa mais. Mas posso arrestar-lhe uma tarrafa mestra.

'– Tarrafa?

'– É uma rasteira com força. Ou esperar o dégas de galho, assim duro, com os braços para o ar e se for rapaz da luta, passar-lhe o tronco na queda, ou, se for arara, arrumar-lhe mesmo o baú, pontapé na pança. Ah! V.S. não imagina que porção de nomes tem o jogo. Só rasteira, quando é deitada, chama-se banda, quando com força, tarrafa, quando no ar, para bater na cara do cabra, meia lua...

'– Mas é um jogo bonito! – fiz para contentá-lo.

'– Vai até o auê, salto mortal, que se inventou na Bahia.

'Para aquela lição intempestiva, já se havia formado um grupo de temperamentos bélicos. Um rapazola falou:

'– E a encruzilhada?

'– É verdade, não disseste nada da encruzilhada?

'E a discussão cresceu. Parecia que iam brigar...

'Fora, a chuva jorrava torrencial. Um relógio pôs-se a bater preguiçosamente meia-noite. As mulatinhas cantavam tristes:

'Meu rei de Ouros quem te matou?/
Foi um pobre caçadô'

'Mas Dudú saltou para o meio da sala. Houve um choque de palmas. E diante do quarto, onde se confundia o mundo em adoração a Deus, o negro cantou acompanhado pelo coro:

Já deu meia noite/
O sol está pendente
Um quilo de carne/
Para tanta gente!'

'Oh! Suave ironia dos malandros! Na baiúca havia alegria, parati, álcool, fantasia, talvez o amor nascido de todas aquelas danças e do insuportável cheiro do éter floral...

'Não havia, porém, com que comer. Diante de Jesus, que só lhes dera o dia de amanhã, a queixa se desfazia num quase riso. Um quilo de carne para tanta gente!

'Talvez nem isso! Saí, deixei o último presepe.

'De longe, a casinhola com as suas iluminações tinha um ar de sonho sob a chuva, um ar de milagre, o milagre da crença, sempre eterna e vivaz, saudando o natal de Deus, através da ingenuidade dos pobres. Como seria bom dar-lhes de comer, ó Deus Poderoso!

'Como lhes daria eu um farto jantar se, como eles, não tivesse apenas a esperança de amanhã obter um quilo de carne só para mim!"

O escritor Paulo Varzea – que publicava seus artigos nas páginas da revista *O Cruzeiro*, nos primeiros anos desta revista – escreveu em abril de 1930, numa crônica sobre os diferentes tipos de "malandros" que infestavam as grandes cidades da América e da Europa, interessante perfil d e um tipo marginal – vulgarmente, o "malandro" – que ele classificou como "produto natural, comum, das grandes cidades do mundo."

Na descrição do "produto" da malandragem frequente do Rio de Janeiro, o articulista foi direto: o tipo brasileiro, desse gênero, é "o capoeira".

Em seguida, passa a descrever as características do perfil do "capoeira" do Rio de Janeiro que o distinguiam, especialmente, dos similares de outras paragens.

"Nas várias modalidades de sua ligeireza e destreza física, o capoeira sobrescede os seus rivais. É um acrobata prodigioso. Salta, desarticula-se todo para passar um tombo, para meter a cabeça, 'caveirar'... E faz isso sem alarde, de repente, na surdina. Dois, três, quatro golpes seus, simultâneos, sucessivos, continuados, embaraçam, confundem, atordoam e dominam o adversário Inimigo leal, jamais ataca alguém pelas costas É um tipo, de ordinário, valente, audaz. Alcunhado também de capadócio ou bam-bam-bam, o capoeira, como o próprio nome está dizendo, veio das capoeiras ao tempo colonial. E não foi apenas o vadio, o molecote, odesertor das casernas, o escravo evadido das fazendas: foi o jornalista, o advogado, o médico, o engenheiro, o deputado e o general! Eu sei de poetas e escritores da Academia de Letras que foram capoeiras temíveis... E ainda hoje são faladas as cenas de capoeiragem jogadas outrora no Rio, no antigo Café Londres, de madrugada, entre literatos, deputados, juízes, médicos e militares... Naquele tempo, porém, a capoeiragem carioca era uma instituição devidamente organizada em partidos como os 'guayamus', 'nagoas', 'flor da gente', 'franciscano', 'lusitanos', 'monduros', 'bocas-rasgadas', 'caxingueles', 'conceição da glória', 'conceição da marinha'. Mas porque travassem diariamente nas ruas sérios conflitos e porque estivessem constituindo serio perigo para a segurança pública, essas maltas foram energicamente combatidas por um próprio capoeira, o então chefe de polícia, Sampaio Ferraz."

Jornalista habituado à cobertura dos eventos que se sucediam na então capital do Brasil, desde os tempos conturbados do Império, Paulo Varzea revela os nomes dos capoeiras que se tornaram famosos no final do século XIX e início do século XX, após o arrefecimento da forte repressão..

"Diminuídos nas suas proporções, os capoeiras hoje são aros e já não se dão mais a conhecer pelas maltas, mas isoladamente, pelo nome de batismo. A terra natal, os bairros, a profissão, o defeito físico e moral passaram a influir na celebridade do malandro moderno : 'Cardosinho da Saúde', 'Zé do Senado, 'Prata Preta', 'Leão da Noite', 'Camisa Preta', 'João Grande', 'Hespanholito', 'Gaileguinho', 'Mulatinho do Catete', 'Braço de Ouro', 'Mate Braço', 'As de Ouro', 'Manduca da Praia', 'Cabeleira', 'Treme Terra', Cabo Verde' e 'Paulo da Zaza'.

Em seguida o articulista deixa evidente que a reputação que persegue os capoeiras não corresponde à imagem de delinquente caracterizada pelo sistema: cada um tem sua natureza – e nem todos agem da mesma forma.

'O capoeira não tem uma profissão certa, definida. Daí chamarem-no de malandro. Contudo joga e faz das suas habilidades de acrobata, da sua disposição o mesmo que faziam os espadachins nos séculos XVII. Equilibrista consumado, põe suas façanhas a serviço dos magnatas, dos políticos, dos bicheiros, e especialmente dos donos das tavolagens, desde o clube chique até a batota, desde os cabarés até os ranchos. Quer como jogador, quer como porteiro, ele é o defensor da espelunca, é o leão da chácara. Sua função ali é a de 'barrar' os outros malandros de 'pinta' que porventura tentem penetrar ou 'achacar' o clube. Eles mesmos se policiam e se respeitam mutuamente. Por isso mesmo jogam a vida como se jogassem as cartas, num desprendimento de louco. E o resultado é que terminam invariavelmente numa explosão de tragédia.

' Há que mostrar as qualidades – 'Ou subo ou desço – dizem referindo-se a ir para a cadeia 'subir', ou morrer, 'descer'. Os malandros de fato prezam muito a fama que têm. Não querem ficar com a 'carta suja', perder o prestígio... Geralmente fazemos uma ideia errônea a respeito do malandro. Temo-lo como um bandido. Entretanto, ele não é assim tão execrável. Há que o conhecer para vê-lo como é na realidade. Não há ninguém mais expansivo, gamenho, alegre! Quando é inimigo é feroz, mas quando é amigo é generoso demais. Dá a vida pela do seu amigo. Se este está preso, logo lhe arranja um advogado e constantemente o visita levando-lhe frutas, presentes: o (crivo) cigarro, o (papagaio) jornal. E para fazer isso empenha-se, não mede sacrifícios, e até baratina o guarda da galeria (sobrado) onde fica a estância (cubículo) do companheiro preso. Também com esta mão com que faz o benefício, faz o crime; é com a mesma habilidade com que faz o crime esta mão tange sentidamente o violão, chora as mágoas, a saudade da infância ou da cabrocha. Aquelas modinhas que as vezes ouvimos da cama, cantadas na rua adormecida e deserta são dele, o poeta seresteiro que recolhe ao 'berço'..."

João Moniz, poeta nascido em Santo Amaro da Purificação, na Bahia, deixou nas páginas do jornal *A Tarde* um relato das suas impressões acerca do famoso capoeira Besouro, personagem que até os dias de hoje é cantado nas rodas do jogo. Com palavras de evidente admiração, afirmou o poeta: "Besouro foi a maior atração de minha infância. Seus combates simulados com Doze Homens, Ioiô, Nicori e outros capoeiristas seus amigos, ao som do berimbau e do pandeiro, eram espetáculos magníficos de força, agilidade e delicadeza, em que os suarentos e leais contendores se aplicavam, mutuamente, os perigosos preceitos de ataque e defesa, cuidadosos de se não machucarem, por que não saíssem mal-avindos do brinquedo. E Besouro, então, primava por essas atitudes de nobreza, ele que era respeitado como o *primus inter pares*, no recôncavo e no costeiro baianos, da luta, que lhe levaria o nome, em situação privilegiada, ao nosso folclore.

'Conheci Besouro na pujança dos seus vinte e poucos anos. Era amável, brincalhão, amigo das crianças e 'respeitador dos brancos'. De uma coragem pessoal que parecia loucura, gostava de 'buli' com a polícia. E não raro explodia um turundundum dos diabos em frente à cadeia velha, sua terra natal. Era Besouro, que, noite velha, havia acordado o destacamento para um 'brinquedo', que se prolongava em correrias e tiros, e de que ele saía ileso e sempre sorrindo, como entrava.

'Às vezes, no calor da luta, tirava um pouco de 'tinta' nos praças, mas nunca matou ninguém. Tinha tanto horror a palavra assassino quanto adorava o termo valente, que lhe cabia a rigor."

A respeito de uma versão - até hoje bastante acreditada - da morte de Besouro, onde este teria sido "morto traiçoeiramente pela polícia, por ter abatido oito praças com a capoeira, de uma só vez", versão esta que foi publicada em reportagem assinada por Cláudio Tuiuti Tavares, "Capoeira Mata Um!", em *O Cruzeiro*, afirmou João Moniz em sua crônica:

"Aquele particípio – abatido – empregado pelo repórter, deixa entender que Besouro matou oito soldados e por isso foi morto. Não, já deixei dito que Besouro nunca matou ninguém, e posso afirmar, com absoluta segurança, que não foi morto pela polícia.

'Contam-se duas versões da morte de Besouro. Uma, inverídica, resultante de perfídia política, e a outra, verdadeira, em que Besouro, embriagado, fora ferido a punhal, traiçoeiramente, por um rapazelho subestimado por ele à vista de outros, quando bebiam numa venda. E não morreu propriamente do golpe, mas, de mau trato, que o deixaram no chão por mais de um dia, o intestino à mostra, antes que o trouxessem para a Santa Casa de Misericórdia de Santo Amaro, onde fechou os olhos para a vida, cercado de amigos, admiradores e curiosos."

Além do famoso Besouro, muitos capoeiras se notabilizaram, sendo que alguns se tornaram conhecidos mundialmente, como é o caso do pescador Samuel Querido de Deus, de Salvador, numa fase em que havia cessado a repressão ao jogo da Capoeira e sua prática já não era mais proibida. Jorge Amado, em *Bahia de Todos os Santos*, traçou o perfil do Querido de Deus, no ano de 1944, quando o pescador ainda vivia, sob o título *O Capoeira*: "Já começaram os fios de cabelo branco na carapinha de Samuel Querido de Deus. Sua cor é indefinida. Mulato, com certeza. Mas mulato claro ou mulato escuro, bronzeado pelo sangue indígena ou com traços de italiano no rosto anguloso? Quem sabe? Os ventos do mar nas pescarias deram ao rosto do Querido de Deus essa cor que não é igual a nenhuma cor conhecida, nova para todos os pintores. Ele parte com seu barco para os mares do sul do estado onde é farto o peixe. Quantos anos terá? É impossível saber nesse cais da Bahia, pois de há muitos anos que o saveiro de Samuel atravessa o quebra-mar para voltar, dias depois, com peixe para a banca do mercado Modelo. Mas o velhos canoeiros poderão informar que mais de sessenta invernos já se passaram desde que Samuel nasceu. Pois sua cabeça já não tem fios brancos na carapinha que parece eternamente molhada de água do mar?

'Mais de sessenta anos. Com certeza. Porém ainda assim, não há melhor jogador de capoeira, pelas festas de Nossa Senhora da Conceição da Praia, na primeira semana de dezembro, que o Querido de Deus. Que venha

Juvenal, jovem de vinte anos, que venha o mais ágil, o mais técnico, que venha qualquer um, e Samuel, o Querido de Deus, mostra que ainda é o rei da capoeira da Bahia de Todos os Santos. Os demais são seus discípulos e ainda olham espantados quando ele se atira no rabo-de-arraia, porque elegância assim nunca se viu... E já sua carapinha tem cabelos brancos...

'Existem muitas histórias a respeito de Samuel Querido de Deus. Muitas histórias que são contadas no Mercado e no cais. Americanos do norte já vieram para vê-lo lutar. E pagaram muito caro por uma exibição do velho lutador.

'Certa vez seu amigo escritor foi procurá-lo. Dois cinematografistas queriam filmar uma luta de capoeira. Samuel chegara da pescaria, dez dias no mar e trazia ainda nos olhos um resto de vento sul. Prontificou-se. Fomos a busca de Juvenal. E, com as máquinas de som e de filmagem, dirigimo-nos todos para a Feira de Água dos Meninos. A luta começou e foi soberba. Os cinematografistas rodavam suas máquinas. Quando tudo terminou, Juvenal estendido na areia, Samuel sorrindo, o mais velho dos operadores perguntou quanto era. Samuel disse uma soma absurda na sua língua atrapalhada. Fora quanto os americanos haviam pagado para vê-lo lutar. O escritor explicou então que aqueles eram cinematografistas brasileiros, gente pobre. Samuel Querido de Deus abriu os dentes num sorriso compreensivo. Disse que não era nada e convidou todo mundo para comer sarapatel no botequim em frente.

'Podeis vê-lo de quando em quando no cais. De volta de uma pescaria com seu saveiro. Mas com certeza o vereis na festa da Conceição da Praia, derrotando os capoeiras, pois ele é o maior de todos. Seu nome é Samuel Querido de Deus."

Amigo, discípulo e parceiro de Samuel, o "Querido de Deus", mestre Juvenal - Juvenal Hermenegildo da Cruz – consagrou-se como um dos grandes nomes da Capoeira. Claudio Tuiuti Tavares, acompanhado do notável Pierre Verger, entrevistou o respeitado mestre e elaborou texto primoroso publicado nas páginas da revista O Cruzeiro, em 10 de janeiro de 1948.

"Quando revelo a Juvenal Hermenegildo da Cruz minha vontade de escrever uma reportagem sobre a Capoeira, destacando a sua figura de mestre da Angola, o homem atlético e maneiroso diz abertamente: – Pois não! Que rei sou eu na Bahia, mestre da Capoeira!"

Não era mera vaidade – e muito menos arrogância do mestre que se destacou no universo da Capoeira desde a juventude: era o conhecimento de si mesmo; consciência do próprio saber, do domínio da arte e da luta que superavam a imensa fama. Prossegue o jornalista e escritor:

"Para mim, as palavras de Juvenal, a partir daquele momento, significaram uma varinha de condão. Palavras mágicas que me abriram o pano de boca do reinado da Capoeira. Ali estava o famoso substituto de Samuel Querido de Deus, o pescador capoeirista eu tem um rosário de famas e histórias, cujo ABC é interminável. Não existem letras suficientes nesta Bahia para contar a valentia e a agilidade de pantera desse homem do mar, tão legendário e tão terrivelmente humano."

Um dos mais renomados capoeiras da primeira metade do século XX, mestre Juvenal narrou ao jornalista como alcançou o reconhecimento pela comunidade de praticantes da sua autoridade nas rodas do jogo e a consagradora qualificação como "mestre-capoeira".

" – Mestre Samuel era um onça! Querido de Deus não perdia parada! – afirma-me Juvenal, que conta em poucas palavras como chegou a ser mestre de Capoeira:

' – Este título me foi dado por Samuel Querido de Deus. Sempre gostava das minhas qualidades e via meu futuro. 'Era um onça'... repete Juvenal. Desde então, vem sendo o substituto, vem tendo as honras de Samuel Querido de Deus."

Mestre Juvenal prossegue seu relato, detalhando como eram as aulas que ministrava à época e o êxito que alcançou ainda jovem, justo resultado do seu trabalho e competência.

" – Consegui fazer numerosos alunos e hoje me encontro com 28 capoeiristas no ponto, pulando como ninguém a Capoeira de Angola."

Claudio Tuiuti Tavares acrescenta o que pode ver e observar dos alunos de mestre Juvenal, como viviam e exercitavam as suas práticas.

"Os discípulos de Juvenal são rapazes admiráveis, em sua maioria estivadores que tomam suas aulas na rampa do Mercado, perto ao Cais dos Saveiros. Quem for ao cais do Mercado Modelo, lá encontrará por certo os alunos de Juvenal que – nos descansos e nas horas de refeição – adquirem , na prática intensiva, as ancestrais virtudes e habilidades da Angola. Como seus alunos capoeiristas, Juvenal é um pacato e modesto estivador, que adora as coisas e as histórias da Bahia de Todos os Santos. Sua "cachaça" é a Capoeira, a Capoeira de Angola, como faz questão de acentuar, para destacar da Regional, de mestre Bimba."

Tuiuti Tavares traça o perfil dos adeptos da arte e que já se distinguiam pela inserção social dos predecessores dos tempos da repressão.

"O capoeira de hoje é um tipo musculoso ou delgado, mas ágil e elástico, também loquaz e amaneirado, sem as encenações descritas por Querino. Não é um malandro, nem um profissional exclusivo de capoeira, que possa ser contratado para qualquer 'servicinho', a mando dos grandões. É mais um bailarino, um homem que vive a arte capoeirista e se julga o dono do mundo, pois como todo o artista sincero sente a necessidade de criar, sente as grandezas íntimas. É um trabalhador, um estivador que passa as horas do dia e até da noite no 'pesado'.

'Na horas de folga, a rampa do mercado pertence aos capoeiristas. Afigura-se-lhes o palco imenso onde suas pernas se agitam na 'vadiagem', a pulsar a Capoeira, ao som monótono e doloroso do berimbau – o tin-tin que é uma obsessão amável."

Atento aos detalhes que caracterizam o jogo de Angola, o escritor relata com precisão a roda de Capoeira organizada por mestre Juvenal e seus alunos.

"Na rampa do Mercado Modelo, mestre Juvenal reúne três de seus discípulos para a roda de Capoeira. Com calças de trabalho e camisas de urucubaca, aproximam-se os alunos já formados: Reginaldo, um verdadeiro gato de agilidade, Evangelista e Antônio, dois estivadores musculosos e de passos largos. Acercam-se de nós os curiosos, ao avistar os berimbaus nas mãos de Evangelista e de outro angoleiro, exímio tocador do rude instrumento: ritmo imprescindível.

'O berimbau é mais que um instrumento. Sua função na Capoeira é tão importante quanto os atabaques no Candomblé. É a força que galvaniza todas as energias e passes dos angoleiros, criando a africana atmosfera de mística e dualidade fetichista, em que se unem a música e a dança na invocação dos Deuses. O berimbau invoca, sim, os orixás da Nigéria. É o regente dos movimentos quer dolentes quer agilíssimos, dos angoleiros."

Sobre a história do berimbau e a sua introdução no jogo da Capoeira o cronista recolheu interessante relato de mestre Juvenal.

"Ouço do Juvenal a história do berimbau:

– A Capoeira é uma luta de muitos anos, de muitos anos mesmo. Veio com os africanos de Angola. Foi criada pelos escravos que a praticavam para resistir às prisões dos "senhores" e aos castigos bárbaros dos 'capitães do mato'. A capoeira era a maior arma que possuía o negro escravo Proibida, tomou a feição de dança, para 'despistar'. Daí por diante, apareceu o berimbau. Não existe dança sem música, sem ritmo. O berimbau era a orquestra e os negros nos dias de domingo, praticavam a Capoeira, ao som do instrumento improvisado. Mas a Capoeira é um esporte que ensina a lutar. Está enganado quem diz que a Capoeira é dança. No principal, é combate, é defesa de corpo. Gostamos de dançar, gostamos do samba, e fazemos, também, da Capoeira, uma 'vadiação'.

'Assim é o berimbau: um instrumento único, simples e rudimentar. Uma vara de quase dois metros de comprimento, que se chama 'verga', presa fortemente, nas extremidades, por um 'aço', em forma de arco. Quase na ponta inferior da 'verga' está presa uma cabaça, que faz o papel de caixa de ressonância. Como se faz soar o berimbau? O tocador segura o instrumento com a mão esquerda ao mesmo tempo que prende, com o polegar e o indicador, uma moeda antiga de 80 réis ou um vintém grande. A mão direita joga com uma vareta e um caxixi, espécie de acompanhamento caboclo, seguro pelos dedos médio e anular. Vibrando a vareta sobre o aço, o angoleiro faz nascer o som abrupto, a força motriz do instrumento, que se amplia no espaço da cabaça. Com a perícia que lhe é peculiar, o tocador se aproxima ou afasta o vintém do 'aço', originando o som metálico, o tim-tim que forma o ritmo mágico da Capoeira. Em compasso binário, prosseguem os toques metálicos do berimbau.

'Formada a roda de 'mandinga', quem primeiro dá as falas é o berimbau. Pandeiros e chocalhos completam a orquestra da Capoeira. O chocalho atualmente é pouco usado, sendo comum a execução dos pandeiros. A arena para a luta forma-se naturalmente. Dois lutadores apontados pelo mestre Juvenal tomam lugares em frente à orquestra composta de dois berimbaus e dois pandeiros. Agacham-se os angoleiros Reginaldo e Antônio, demorando-se nesta posição, por alguns instantes. Acho que a cena dos lutadores, reverenciando os berimbaus, tem semelhança com a cerimônia do 'moutubá' dos candomblés gêge-nagôs, na saudação aos instrumentos sagrados, os atabaques, e a 'mãe de santo'. É uma espécie de preceito, em que os lutadores pedem a proteção dos orixás para si. Ao lados dos tocadores de berimbau, estão dois trovadores, inclusive Juvenal., o 'mestre da roda', que é o principal instrumentalista, tira a primeira cantiga, que não é exclusiva, como assinalaram alguns estudiosos e interessados na Capoeira baiana."

O escritor conclui suas observações ressaltando as diferenças entre os capoeiras que conhece bem – e aqueles que praticavam o jogo da Capoeira, enfrentando a repressão e arriscando-se a rigorosas punições no passado não muito distante.

"O capoeirista atual não traz 'uma argolinha de ouro na orelha, como insígnia de força e valentia, e o nunca esquecido chapéu à banda', como antigamente. O equilíbrio absoluto ante um ataque adverso e a perícia, a prontidão para a defesa e a investida são o que caracteriza o bom executante da Capoeira. 'Mostra-me a junta, que eu digo quem és', exclama o capoeirista. Gosta de vestir camisa de urucubaca, frouxa, com calças largas que facilitam os movimentos das pernas e do corpo. É comum o capoeira ter seu santo, que, infalivelmente, é Oxossi ou Ogum."

Defensor ferrenho da Capoeira Angola e provocado pelo escritor, mestre Juvenal afirma sua confiança na luta dos ancestrais, reforçando a importância da capacidade de improviso, da elasticidade e da flexibilidade do praticante para a melhor execução das técnicas da arte:

"A Capoeira de Angola tem golpes para aplicar em qualquer adversário, estando solto ou segurado o angoleiro. O capoeirista aplica a defesa sem pegar em seu competidor. Sei bem diso e me orgulho de ter tido um mestre que me ensinou o grande valor da Capoeira de Angola. A verdade está no fato do capoeirista ser muito repentista e bom na junta."

Profundo conhecedor da alma e dos segredos da cidade de Salvador, o escritor deixou registrado o reconhecimento que pode presenciar dos mais afamados mestres da Capoeira que pontificavam nas décadas de 1930 e sucessivas:

"Outro mestre de capoeira famoso foi Aberrê, que deixou discípulos muito respeitados. Aluno de Aberrê foi Onça Preta, que possui destacadas "rodas de mandinga", no Pau Miúdo e no Alto das Pombas, onde proliferam os Candomblés. Pois os capoeiristas têm, muitas as vezes, ligações com as 'mães e pais de santo'."

O cronista enriqueceu a sua narrativa, descrevendo as suas lembranças mais remotas sobre a Capoeira que pode ver nas ruas e praças, as mudanças que acompanharam o fim da repressão ao jogo de Angola – e traça um retrato da Capoeira que pode assistir, livremente, no início de 1940.

"A 'mandinga' está deixando, quase perdeu totalmente, o seu tradicional e sagrado teatro de lutas o bairro da Sé, o Terreiro de Jesus. Era no Terreiro que despontavam as mais tremendas porfias dos capoeiristas. Organizados em bandos guerreiros, com seus grito d alarme e bandeiras de luta, os 'capoeiras' se pegavam. Os encontros das duas facções de valentes pareciam choques da pororoca. Defendiam os 'capoeiras' todas as entradas que davam para a Sé. À noite, nos períodos da 'vadiagem', lá estavam guarnecendo a ferro e fogo, a ladeira de São Miguel, o ao Francisco e as Portas do Carmo. A bandeira da Sé possuía uma áurea de heroísmo.

'Apesar dos pesares, o Domingo de Ramos e o sábado de Aleluia, em partem continuam sendo o tempo preferido pelos capoeiristas para sua disputas amistosas, mais parecendo bailado que luta. As festas populares baianas, religiosas e fetichistas, é que oferecem a maior oportunidade para o interessado assistir os magníficos espetáculos de Capoeira. Durante o ano, decorrem as festas de Boa Viagem, N. S. do Bonfim, Rio Vermelho, Santa Bárbara, Conceição da Praia e tantas outras, de largo, por onde as rodas de 'mandinga' se multiplicam, com o tim-tim dos berimbaus ferindo a noite e prendendo os assistentes. Na festa de Conceição da Praia, NE se fala. Já tomou a primazia de ser a revelação dos capoeiristas. Os festejos de 13 de maio também são ricos de rodas de Capoeira, principalmente em Santo Amaro, na margem do rio Subaé, em frente ao Mercado."

Encerrando a reportagem, o cronista de O Cruzeiro narra os momentos que caracterizam o jogo de Angola e ainda hoje podem ser observados nas escolas tradicionais de Capoeira Angola.

"Todos em torno silenciam, com os olhos atenciosos nos dois angoleiros. Cessam os cânticos e as palmas. Permanecem, unicamente, os toque metálicos e decisivos do berimbau: ritmo, ritmo... Os lutadores caíram na arena, um em frente ao outro, fazendo menção de preparar golpes. Reginaldo larga uma 'meia lua fechada' no peitos de Antônio, que em agilidade assombrosa defende-se, 'caindo de junta', isto é, afasta o corpo um pouco para trás, resvalando sobre os calcanhares. Bem não fez gesto, Antônio sapeca imediatamente uma rasteira sem efeito, pois seu adversário não deu folga para a vitória do golpe. O tim-tim do berimbau continua ininterrupto, marcando o compasso. As pernas no ar, assestadas ritmicamente procuram alvejar o corpo de cada adversário. É um bailado vibrante e atraente como um abismo. São traços coreográficos que não param como dois semicírculos a lutarem em movimentos indefinidos, dentro de uma arena circular. Grotesca e brutal, a Capoeira é também uma dança pura e crua de dois corpos ágeis, de duas forças maliciosas."

Os principais estudiosos da cultura brasileira, no século XX imortalizaram o jogo da Capoeira em páginas magistrais. É este o caso de Eunice Catunda, que concorreu com suas observações para fixar análise do jogo e das suas tradições, em artigo intitulado *Capoeira no Terreiro de Mestre Waldemar*, publicado em *Fundamentos - Revista de Cultura Moderna*, no ano de 1952, em São Paulo.

"Todo artista que não acredita no fato de que só o povo é o eterno criador, que só dele nos pode vir a força e a verdadeira possibilidade de expressão artística, deveria assistir a uma capoeira baiana. Ali a força criadora se evidencia, vigorosa, livre dos preconceitos mesquinhos do academismo, tendo como lei primordial e soberana a própria vida que se expressa em gestos, em música, em poesia. Ali se exprime a vida magnífica e bela, em nada prejudicada pela capacidade limitada dos instrumentos musicais primitivos, aos quais se adapta sem ser por eles diminuída.

'O senso de realização coletiva, própria essência da arte, se revela no tríplice aspecto da capoeira, que é uma fusão de três artes: música, poesia e coreografia."

Em seguida, Eunice Catunda acrescenta sua opinião quanto ao lugar ocupado pela Capoeira no contexto das artes, abalizada por sua formação musical erudita: "A dança da capoeira, na Bahia, é o que jamais deixou de ser a verdadeira arte: não um divertimento, mas uma necessidade. Aliás, é esse um dos fatores a que se deve a força mil vezes mais viva da arte popular quando a comparamos à música erudita: esse caráter funcional, esse aspecto de necessidade imperiosa que tem toda arte que o povo cultua. Ao passo que a música erudita soa cada vez mais falsa, se revela sempre mais um simples gozo de sibaritas, sem função, desnecessária.

'Na Bahia, a arte da capoeira é atividade domingueira, tão normal e querida quanto o nosso grande esporte nacional, o futebol. E quem a exerce é, na maioria, o povo trabalhador: operários da construção civil, carregadores do mercado, gente de profissão definida, que passa a semana inteira no duro batente, lutando para garantir o pão de cada dia, para si e para sua família."

Na apreciação da Capoeira e suas características, a cronista prossegue registrando a função do mestre-capoeira e seu papel junto aos praticantes, guardando uma tradição que continua no correr dos anos: "O ritual, a tradição a que obedecem os participantes da capoeira, são muito rígidos. O mestre é o conhecedor da tradição. Daí ser ele, também a autoridade máxima. Supervisiona o conjunto todo, determinando a música, o andamento, tirando ou indicando os cantos ou indicando a pessoa que o faça.

'Os concorrentes novatos dançam entre si. Mas quando algum bailarino se destaca, o mestre dança com ele, apontando-o, por meio dessa distinção à atenção dos veteranos, novatos e assistentes. Essa autoridade do Mestre é uma das coisas mais admiráveis e comoventes que tenho visto. O respeito a ele demonstrado pela coletividade, o carinho com que o cercam, faria inveja a muito regente de música erudita. Prova isto que o espírito de disciplina é mais vivo no povo rude e inculto da nossa terra, quando este se organiza, que entre as camadas superiores, já mais habituados à organização conseqüente da própria instrução e do exercício de atividades culturais e que, por isso mesmo, teriam maior obrigação de compreender a necessidade e a importância da disciplina na coletividade. Acontece, porém que o mestre nunca abusa de seus direitos. Não se atribui poderes ditatoriais. Sabe que sua autoridade emana da própria coletividade e comporta-se como parte integrante desta."

Ao entrar na descrição do local onde aprecia a Capoeira – que a pesquisadora designa como 'terreiro' valendo-se da denominação atribuída popularmente às áreas em que o piso era de terra batida – as anotações da escritora descrevem as condições de vida da gente anônima e humilde que resiste com a luta: "O terreiro de mestre Waldemar localiza-se no célebre bairro proletário da Liberdade. Bairro de grande densidade de população, sem pretensões, esquecido da Prefeitura que se preocupa em embelezar e cuidar só daqueles trechos da Cidade do Salvador que se encontram à vista do turista. Quanto ao bairro da Liberdade, não é para 'gringo' ver. Como todo bairro operário, não tem calçamento, é cheio de valas onde, em tempo de chuva, as águas parecem envoltas em nuvens de mosquitos; seus incontáveis casebres mal se têm de pé, e se o fazem é por pura teimosia. Abundam as vendolas onde se compra desde o jabá até a caninha. É um bairro repleto de vida e de movimento, corajoso e revoltado."

A descrição da Capoeira praticada à época evidencia a beleza do jogo de Angola, tradicional na perícia e habilidade no manejo do corpo, sem resvalar para o confronto aberto.

"Quando chegamos ao terreiro a capoeira já começara. Dois dançarinos coleavam rentes ao chão, enquanto dois berimbaus e três pandeiros acompanhavam com estranhos ritmos e sons aquela dança magnífica e arrebatadora, de gente combativa e forte. Os dançarinos do momento eram um carregador do mercado de Água dos Meninos e um operário da construção civil. O operário estava todo de branco, sapatos brilhando, camisa alvejando. Era um dos melhores dançarinos. É costume da fina-flor dos capoeiristas o dançarem assim, 'de ponto branco' como se costuma dizer, para demonstrar sua perícia. Chegam ao cúmulo da dançar de chapéu e os bailarinos hábeis se gabam de sair da dança sem uma só mancha de terra na roupa, limpos e bem arrumados como se ainda não houvessem entrado em função.

'A dança da capoeira é a representação simbólica de antigas lutas autênticas. Na Capoeira de Angola, os dançarinos volteiam quase rentes ao chão, realizando paradas de braço, em posição horizontal, girando, escorregando como enguias e escapulindo por sob o corpo do adversário. Os golpes são constatados por mesuras e pelas exclamações dos assistentes. Aliás, não fora a precisão daqueles movimentos, muitos dos golpes seriam mortais. Esse é o caso das célebres cabeçadas assestadas contra o peito e cujo impulso é sustado só no derradeiríssimo momento, quando a cabeça de um dos bailarinos já aflorou o corpo do outro. A violência latente nunca se desencadeia e esse extraordinário domínio de paixões mantém a assistência numa incrível tensão de nervos, empolgando a todos numa espécie de hipnotismo coletivo quase indescritível. Só aqueles que assistiram a uma demonstração de Capoeira de Angola poderão compreender a monstruosa força e controle exigidos para que realize cada um daqueles movimentos, sem que se dê lugar a qualquer agressão, sem que se perca a elegância e a graça felina de cada gesto, absolutamente medido, calculado por uma espécie de instinto, já que os elementos atuantes se acham inteiramente entregues a aquela arte aparentemente tão impulsiva e espontânea.

'Apesar da violência latente, não sobrevêm a hostilidade. Há no meio daquilo tudo imensa fraternidade e júbilo. Verificam-se passes espirituosos de bailarinos brincalhões e sorridentes, a realizar difíceis e perigosíssimos passos e golpes. E entre os assistentes estouram sonoras risadas... Jamais vi, em danças de conjunto, nacionais ou estrangeiras, tão arrebatadora beleza, aliada a tal rapidez, precisão e força reprimida, dominada por uma inteira disciplina e lucidez.

'Tivemos ocasião de admirar um menino de sete anos que dançou com o próprio mestre Waldemar, de quem é aluno, e com aquele operário exímio de quem já falei. Não se pode imaginar quanto era comovente acompanhar a frágil figurinha infantil, hábil, compenetrada, a competir com o homem mais velho, em cujo rosto se iluminava um sorriso afetuoso, porém nada complacente. Concentrado, o menino aplicava cabeçadas e rasteiras, escapulindo matreira e agilmente das rasteiras e cabeçadas do mestre, cônscio de sua dignidade de futuro capoeirista, de futuro artista popular, imperturbável, sob os olhares e exclamações dos espectadores.

'A voz masculina, pura e profunda, se elevava acima do pulsar do conjunto instrumental, suave e intensa, muitas vezes modal, para só dar lugar ao coro, verdadeiro canto recitativo. Depois a voz continuava, fazendo floreios sobre a mesma base, sem nunca repetir, impossível quase de anotar com exatidão por meios não mecânicos.

'Os solistas se alternavam, dando à melodia a característica própria de seu temperamento humano. Umas eram mais vivas, mais espirituosas, enquanto outras eram sonhadoras, singelas. Mas todos os textos profundamente poéticos.

'Lembro-me bem de uma voz que se elevou para cantar a beleza dos saveiros de velas enfunadas, louvando o mar generoso e o vento que os conduz. Descreveu o vento a acumular nuvens para depois dissolvê-las em gotinhas de chuva, sobre a branca vela dos saveiros que embalou. Era a poesia popular que se fazia presente no esplendor típico da arte única que é a Capoeira de Angola. E a tudo isso o coro continuava a responder pela boca de todos os assistentes e participantes: 'Eh! Paraná, eh! Paraná, camará...' enquanto os dançarinos voltejando, girando, desviando os corpos das cabeçadas, rindo alto, aos saltos, elásticos como gatos."

Vicente Ferreira Pastinha - O Mestre da Capoeira Angola

"Capoeira eu sou Angola
valha-me Deus, senhor São Bento
tanto jogo para cima, como jogo para o chão..."

Vicente Ferreira Pastinha – nascido em 1889 – dizia não ter aprendido a Capoeira em escola, mas "com a sorte": foi o destino o responsável pela iniciação do pequeno Pastinha no jogo, ainda garoto.

Em depoimento prestado no ano de 1967, ao jornalista Roberto Freire e publicado na revista *Realidade*, mestre Pastinha relatou a história da sua vida: *"Quando eu tinha uns dez anos – eu era franzininho – outro menino mais taludo do que eu tornou-se meu rival. Era só eu sair para a rua – ir à venda fazer compra, por exemplo – e a gente se pegava em briga. Só sei que acabava apanhando dele, sempre. Então eu ia chorar escondido de vergonha e de tristeza (...)"*

A vida iria dar ao moleque Pastinha a oportunidade de um aprendizado que marcaria todos os anos da sua longa existência.

"Um dia, da janela de sua casa, um velho africano assistiu a uma briga da gente. 'Vem cá, meu filho', ele me disse, vendo que eu chorava de raiva depois de apanhar. Você não pode com ele, sabe, porque ele é maior e tem mais idade. O tempo que você perde empinando raia vem aqui no meu cazuá que vou lhe ensinar coisa de muita valia. Foi isso que o velho me disse e eu fui (...)"

Começou então a formação do mestre que dedicaria sua vida à transferência do legado da cultura africana a muitas gerações. Segundo ele, a partir deste momento, o aprendizado se dava a cada dia, até que aprendeu tudo. Além das técnicas, muito mais lhe foi ensinado por Benedito, o africano seu professor.

"Ele costumava dizer: não provoque menino, vai botando devagarzinho ele sabedor

do que você sabe (...). Na última vez que o menino me atacou o fiz sabedor com um só golpe do que eu era capaz. E acabou-se meu rival, o menino ficou até meu amigo de admiração e respeito (...).

'Aos doze anos, em 1902, eu fui para a Escola de Aprendiz de Marinheiro. Lá ensinei Capoeira para os colegas. Todos me chamavam de 110. Saí da Marinha com 20 anos (...). Vida dura, difícil. Por causa de coisas de gente moça e pobre, tive algumas vezes a Polícia em cima de mim. Barulho de rua, presepada. Quando tentavam me pegar eu lembrava mestre Benedito e me defendia. Eles sabiam que eu jogava Capoeira, então queriam me desmoralizar na frente do povo. Por isso, bati alguma vez em polícia desabusado, mas por defesa de minha moral e de meu corpo (...). Naquele tempo, de 1910 a 1920, o jogo era livre.

'Passei a tomar conta de uma casa de jogo. Para manter a ordem. Mas, mesmo sendo capoeirista, eu não me descuidava de um facãozinho de doze polegadas e de dois cortes que sempre trazia comigo. Jogador profissional daquele tempo andava sempre armado. Assim, quem estava no meio deles sem nenhuma arma bancava o besta. Vi muita arruaça, algum sangue, mas não gosto de contar casos de briga minha. Bem, mas só trabalhava quando minha arte negava sustento. Além do jogo trabalhei de engraxate, vendia gazeta, fiz garimpo, ajudei a construir o porto de Salvador. Tudo passageiro, sempre quis viver de minha arte. Minha arte é ser pintor, artista (...)."

O ritmo da sua vida foi alterado quando um dos capoeiras mais respeitados da Bahia à época – Raimundo Aberrê – o levou e apresentou aos mestres que faziam uma roda de Capoeira tradicional, na Ladeira da Pedra, no bairro da Gingibirra, em Salvador, no ano de 1941.

"Na roda só tinha mestre. O mais mestre dos mestres era Amorzinho, um guarda civil. No apertar da mão me ofereceu tomar conta de uma academia. Eu dei uma negativa, mas os mestres todos insistiram. Confirmavam que eu era o melhor para dirigir a Academia e conservar pelo tempo a Capoeira de Angola."

Foi na atividade do ensino da Capoeira que Pastinha se distinguiu. Ao longo dos anos, a competência maior foi demonstrada no seu talento como pensador sobre o jogo da Capoeira e na capacidade de comunicar-se.

"Mas tem muita história sobre o começo da Capoeira que ninguém sabe se é verdadeira ou não. A do jogo da zebra é uma. Diz que em Angola, há muito tempo, séculos mesmo, fazia-se uma festa todo ano em homenagem às meninas que ficavam moças. Primeiros elas eram operadas pelos sacerdotes, ficando igual, assim, com as mulheres casadas. Depois, enquanto o povo cantava, os homens lutavam do jeito que fazem as zebras, dando marradas e coices. Os vencedores tinham como prêmio escolher as moças mais bonitas (...). Bem, mas de uma coisa ninguém duvida: foram os negros trazidos de Angola que ensinaram Capoeira pra nós. Pode ser até que fosse bem diferente dessa luta que esses dois homens estão mostrando agora. Contaram-me que tem coisa escrita provando isso. Acredito. Tudo muda. Mas a que a gente chama da Capoeira de Angola, a que aprendi, não deixei mudar aqui na Academia. Essa tem pelo menos 78 anos. E vai passar dos 100, porque meus discípulos zelam por mim. Os olhos deles

agora são os meus. Eles sabem que devem continuar. Sabem que a luta serve para defender o homem (...). Saem daqui sabendo tudo, sabendo que a luta é muito maliciosa e cheia de manhas. Que a gente tem de ser calmo. Que não é uma luta atacante, ela espera. Capoeirista bom tem obrigação de chorar no pé do seu agressor. Está chorando, mas os olhos e o espírito estão ativos. Capoeirista não gosta de abraço e aperto de mão. Melhor desconfiar sempre das delicadezas. Capoeirista não dobra uma esquina de peito aberto. Tem de tomar dois ou três passos à esquerda ou à direita para observar o inimigo. Não entra pela porta de uma casa onde tem corredor escuro. Ou tem com o que alumiar os esconderijos da sombra ou não entra. Se está na rua e vê que está sendo olhado disfarça, se volta rasteiro e repara de novo no camarada. Bem, se está olhando ainda, é inimigo e o capoeirista se prepara para o que der e vier (...)."

Os conceitos do mestre Pastinha formaram seguidores em todo o país. A originalidade do método de ensino e prática do jogo enquanto expressão artística formou escola que privilegia o trabalho físico e mental para que o talento se expanda em criatividade.

"*Capoeira de Angola só pode ser ensinada sem forçar a naturalidade da pessoa, o negócio é aproveitar os gestos livres e próprios de cada qual. Ninguém luta do meu jeito, mas no jeito deles há toda a sabedoria que aprendi. Cada um é cada um (...). Não se pode esquecer o berimbau. Berimbau é o primitivo mestre. Ensina pelo som. Dá vibração e ginga ao corpo da gente. O conjunto da percussão com o berimbau não é arranjo moderno não, é coisa dos princípios. Bom capoeirista, além de jogar, deve saber tocar berimbau e cantar. E jogar precisa ser jogado sem sujar a roupa, sem tocar no chão com o corpo. Quando eu jogo, até pensam que o velho está bêbado, porque fico todo mole e desengonçado, parecendo que vou cair. Mas ninguém ainda me botou no chão, nem vai botar (...)."*

Vicente Ferreira Pastinha durante décadas dedicou-se ao ensino da Capoeira. Mesmo completamente cego, não deixava seus discípulos. E continua vivo nos capoeiras, nas rodas, nas cantigas, no jogo.

"*Tudo o que eu penso da Capoeira, um dia escrevi naquele quadro que está na porta da Academia. Em cima, só estas três palavras: Angola, capoeira, mãe. E embaixo, o pensamento: Mandinga de escravo em ânsia de liberdade, seu princípio não tem método e seu fim é inconcebível ao mais sábio capoeirista".*

Foram tempos de dor e tristeza os últimos anos de vida do Mestre Pastinha. Suas manifestações de revolta e indignação foram ignoradas – ou tiveram como resposta as costumeiras "promessas" com que os políticos enganam aqueles que se veem na contingência de aguardar justas providências das "autoridades".

O Jornal do Brasil, em reportagem publicada no dia 25 de outubro de 1971, sob o título '*Pastinha sem ajuda em Salvador tem novas promessas de socorro*' relata a tragédia que assolou a vida do Mestre Pastinha, sob a cumplicidade e omissão dos responsáveis pelo patrimônio histórico e cultural da Bahia.

" O famoso capoeirista Mestre Pastinha, que deixou seus cômodos num velho casarão do Pelourinho em troca de obras de recuperação no bairro que é patrimônio baiano, e de promessas de assistência pelo superintendente da Sutursa, sr. Herval Pedreira, acaba de queixar-se da sua falta, ao prefeito Cleriston Andrade.

' – Os Cr$ 145 mensais que recebo mal chegam para o quarto onde fui morar e se meus ex-alunos não me socorrem, morro de fome – diz mestre Pastinha, quase cego, explicando que na hora de sair lhe prometeram até 'visita constante de assistente social para saber de suas necessidades.'

"O prefeito determinou que a Sutursa cumpra suas promessas" – dizia a reportagem.

Com o subtítulo "Esperança", prossegue a reportagem do Jornal do Brasil:

"Quase cego, o mais famoso capoeirista da Bahia conta que quando o tiraram da Academia no Pelourinho, pensou que iam instalá-la em outro canto. E não fizeram nada disto. Só não está passando fome porque seus ex-alunos cuidam dele.

'– Os meninos vêm aqui e me perguntam pela solução. Não sei qual será. Prometeram que um assistente social me visitaria sempre, para fazer uma relação das minhas necessidades. Disseram que a Sutursa as atenderia. Mas nunca apareceu ninguém para me ver da Prefeitura.'

A conclusão da reportagem faz o registro do que seria o início da espera infrutífera de Mestre Pastinha – que reivindicava do poder público o seu direito: reaver o espaço que lhe pertencia – e jamais foi atendido; a sua esperança jamais se concretizou e nenhuma "promessa" foi cumprida

"A esperança do capoeirista é a volta ao casarão do Pelourinho, pois já é ponto pacífico a recuperação do local pela Fundação do Patrimônio Artístico e Cultural da Bahia. Enquanto isso, o prefeito de Salvador deu ordens à Sutursa para cumprir o que prometeu a Mestre Pastinha, mandando-lhe uma assistente social e resolvendo todos os seus problemas de moradia, vestuário e alimentação, até que se torne possível reabrir sua Academia de Capoeira."

Alguns anos de humilhação e sofrimento se passaram – e nada mudou. Da parte do poder público, nada foi feito para mitigar a dor e o constrangimento impostos pela insensibilidade oficial ao Mestre Pastinha.

Diante do drama vivido por Mestre Pastinha, Francisco Viana escreveu nas páginas do *Jornal do Brasil*, em 15 de fevereiro de 1974, sob o título '*Pastinha, o último capoeirista*', um relato comovedor da angústia do grande Mestre, vítima da prepotência, da indiferença e crueldade dos prepostos da ditadura militar que infelicitou o Brasil – e despojou Pastinha do seu espaço, da sua Academia.

"Sentado num banco desbotado pelo tempo, camisa verde e calça azul clara muito grandes para seu corpo miúdo e sem banhas, os pés descalços quase tocando com as pontas do dedo no cimento frio, Vicente Ferreira, o Pastinha, conserva aos 85 anos uma excelente memória e não pensa mais em usar os golpes e a malícia que aprendeu no cazuá do Mestre Benedito para vencer homens fortes que gostavam de rir do seu aspecto frágil e ingênuo. Ele quer simplesmente vencer a fome.

'Cego, doente e sem lugar para estabelecer uma nova Academia desde que o governo do Estado requisitou o andar que ocupava no Largo do Pelourinho, Pastinha, além da fome que muitos dos seus antigos alunos tentam espantar com pequenas ofertas de verdura, leite e carne, enfrenta o esquecimento dos antigos amigos e autoridades que antes o bajulavam. No entanto, não se lamenta e prefere falar pouco dos tempos ruins para "afastar o azar", certo de que Oxalá, seu guia e protetor, vai iluminar novamente os seus caminhos lhe devolvendo a força, os alunos e a Academia.

"Aos 85 anos, Mestre Pastinha não tem muitas alegrias além dos cigarros que ganha de presente ou manda comprar com o pouco dinheiro que consegue economizar dos Cr$ 300 de uma pensão paga pela Prefeitura. Mora num quarto apertado, cheio de buracos na parede, onde além da cama, do guarda-roupa e do único e tosco banco sobra espaço apenas para o velho berimbau de onde vez por outra tira sons agudos e tristes. Costuma passar os dias inteiros sentado na porta do quarto número dois, que divide com sua atual companheira, Dona Maria Romelia, ratos, baratas e pulgas. O cômodo fica no princípio de um velho casarão na Ladeira do Pelourinho, um pouco acima do local onde durante várias décadas funcionou a sua Academia, hoje com o prédio sendo reformado para dar lugar a um hotel de categoria internacional."

As palavras do Mestre registraram sua dor diante da traição que lhe foi imposta pelos "coronéis" que reduziram o governo da Bahia a um feudo sem lei.

"*Quando eu saí de lá nem indenização recebi, pois tinha a promessa do Governador e do Prefeito de que voltaria logo que as obras de recuperação do Pelourinho terminassem. Qual nada! Não me devolveram o local e ainda me levaram tudo que eu tinha guardado ali: atabaques, berimbaus, medalhas, móveis e até o registro da Academia. Se eu fosse 20 anos mais novo e não estivesse cego, abriria minha Academia em outro lugar do Pelourinho, que sempre foi o meu mundo, e voltaria a ensinar. Mas o corpo já não dá.*"

Nas palavras do Mestre, a sabedoria se confunde com a tristeza: o amor à Capoeira ilumina sua reflexão final; serve de alerta aos capoeiras de hoje e de amanhã – e conclui o diálogo com o jornalista desolado.

"*Quando eu era moço* – afirma – *antes da congestão que me deixou cego, eu era influente: tinha dinheiro e prestígio. Agora, acho que já faço parte do passado, embora muita coisa ainda precise da minha opinião, dos meus conhecimentos e da minha presença.*

'— *Engraçada a vida! A fama chegou para mim como se eu não a merecesse ou não estivesse preparado. No princípio, sentia uma certa vaidade e pensava: formidável, todos falam de mim, todos necessitam de mim, um mulatinho descendente de escravos. Terrível é descobrir que tudo isso é falso, que de tudo, a única coisa real foi a Capoeira.*"

Muitos anos de decepção ainda estavam por vir, agravando o martírio do grande mestre. Foi lento e doloroso o calvário de Mestre Pastinha. Mais uma vez, reportagem publicada nas páginas do *Jornal do Brasil*, em 26 de fevereiro de 1980, sob o título '*Aos 90 anos, cego e doente, Pastinha obtém alta do hospital*', traz um relato pungente do longo sofrimento que afligiu "o guardião da Capoeira Angola", imortalizado pelo escritor Jorge Amado em inúmeros livros, reconhecido internacionalmente – mas desprezado pelas autoridades que detinham o governo da prefeitura da cidade de Salvador e do governo do Estado da Bahia, nos tristes e sombrios anos da ditadura militar (1964/1985).

"Depois de passar três meses internado no Hospital do Servidor Público e, novamente, desencantado com as promessas de ajuda de políticos que chegaram a tirá-lo do leito da casa de saúde para exibi-lo cego e surdo na televisão, recebeu alta e retornou ao seu cubículo do Largo do Pelourinho o ancião Vicente Ferreira Pastinha, conhecido em todo o país como Mestre Pastinha. No próximo mês de abril ele completa 91 anos, quase todos dedicados à preservação da Capoeira na Bahia.

'O guardião da Capoeira de Angola, como o considera Jorge Amado, "o elemento conservador e esteio da genuína dança dos escravos", segundo a observação do artista plástico Caribé, "somente conseguiu acumular novos desenganos e decepções nesses últimos meses", de acordo com as palavras de sua mulher, Maria Romelia, de 70 anos de idade. Mestre Pastinha saiu do hospital quase como entrou: "Doente, sem casa e sem saber como sobreviver".

A reportagem traz em letras cruas as causas dos males que afetaram a saúde do Mestre.

"Com o retorno do Mestre Pastinha ao mesmo cubículo úmido e insalubre que ocupava antes no Pelourinho, apontado pelos médicos como um dos responsáveis pelo seu atual estado de saúde, a primeira providência da companheira do capoeirista foi advertir que políticos, jornalistas e mesmo homens de governo não vão mais tirar partido de Pastinha, pois eu não vou deixar".

O testemunho da mulher de Mestre Pastinha é enfático:

"– *Promessas já ouvi muitas, mas os fatos atuais e passados são cruéis. Basta lembrar a expulsão de meu marido, há oito anos, pela Fundação do Pelourinho, do prédio onde ele sempre mantivera a sua academia de Capoeira. Naquele tempo, como agora, ninguém reagiu a não ser para enganar, ficou tudo por isso mesmo. Agora ele está mais velho, mais doente e mais desenganado* – desabafou a Sra. Maria Romelia."

O retrato da angústia é desolador.

"Às pessoas e jornalistas mais conhecidos a Sra. Maria Romelia permite apenas que vejam o Mestre Pastinha, em cima de um colchão *'doado por um amigo'*. Cego, distante, embora com juma máscara de sofrimento permanente no rosto, o mestre fala, enquanto sua companheira, sentada próxima à porta, vigia para não deixar entrar estranho, nos momentos em que, apesar dos 70 anos, não é obrigada a estar em seu tabuleiro vendendo acarajé, *'para manter Pastinha, como sempre fiz desde que ele adoeceu há anos'*.

O drama de mestre Pastinha, mais do que a doença que atacou seu corpo, foi causado pelas "autoridades" que deveriam apoiá-lo.

"Às vésperas de chegar aos 91 anos, o Mestre Pastinha saiu do hospital do servidor público ainda mais alquebrado pela velhice, embora conserve ainda lúcidas algumas lembranças. E guarda queixas amargas de políticos, governantes e órgãos responsáveis pela valorização e preservação do patrimônio cultural da Bahia,

'A casa onde funcionava sua Academia de Capoeira de Angola abriga hoje o restaurante de comidas típicas do Senac, enquanto ele foi transferido para um cubículo em outra casa próxima, na condição de um dos primeiros moradores desalojados para o início da recuperação do conjunto colonial do Pelourinho.

'A famosa Academia de Capoeira de Angola desapareceu. Desapareceram também todos os objetos de Capoeira: 14 bancos de madeira, berimbaus, atabaques, agogôs, reco-recos, cartas, correspondências do exterior, bandeiras, o brasão da academia e móveis de jacarandá.

Infelizmente, o único apoio que Mestre Pastinha recebeu foram algumas manifestações de amigos.

"Revoltado com o abandono e a exploração que vêm sendo praticado ao longo dos anos contra o capoeirista, o escritor Jorge Amado protestou recentemente:

'Mestre Pastinha merece ter uma situação excepcional. Trata-se de um grande mestre da nossa cultura popular e deveria ser amparado pelos poderes públicos e pela população, para que ele possa viver com dignidade. Toda a cultura da Bahia é forjada pela sua ligação popular e Pastinha, além de grande mestre de nossa cultura, é guardião de um inestimável valor, que é a capoeira de Angola', afirma o escritor.

Essas sábias palavras não foram ouvidas: a insensibilidade característica dos governantes no Brasil, há séculos, prevaleceu.

"Em seu cubículo do Pelourinho o Mestre comenta:

'O segredo da Capoeira morre comigo e com muitos outros. Também continua viva alguma coisa. Capoeira não é minha, é dos africanos. Deus deu aos africanos. Dos africanos ficou uma coisinha para mim. Herdei alguma coisa, Sou herdeiro da arte dos africanos. Mas Capoeira é brasileira, é nacional, patrimônio nacional', adverte o mestre."

As páginas do *Jornal do Brasil* – em 14 de novembro de 1981 – fizeram o registro do falecimento de Vicente Ferreira Pastinha, o Mestre Pastinha, aos 92 anos, de derrame cerebral, no Abrigo Dom Pedro II, em Salvador, onde estava internado há vários meses.

"Durante anos, o Mestre Pastinha manteve uma academia de capoeira de Angola no largo do conjunto arquitetônico do Pelourinho, de onde saíram formados vários capoeiristas e mestres na arte-luta. Com as obras de recuperação do casario colonial do Pelourinho, foi retirado às pressas do prédio, perdendo sua academia e objetos que cobrava insistentemente da Fundação do Pelourinho: 14 bancos de madeira, berimbaus, atabaques, agogôs, reco-recos, quadros a óleo por ele pintados, livros de registro da academia, correspondências do exterior, bandeiras e móveis de jacarandá,

'Pobre e sem recursos para alugar outra sala para instalar a escola de Capoeira, Pastinha foi colocado pela fundação cultural em um dos quartos do casarão da casa 14 da ladeira do Pelourinho. Por insistência de amigos, jornalistas e políticos, a Prefeitura de Salvador instituiu mensalmente uma pensão de três salários mínimos. Enquanto isso, no prédio em que morava e mantinha sua academia, surgia um luxuoso restaurante do Senac."

O obituário do Jornal do Brasil descreve os momentos finais do grande Mestre e retrata a rotina de tristeza, dor e angústia que o acompanhou desde que as autoridades responsáveis pela proteção do patrimônio histórico usurparam seu espaço e o tiraram da sua escola.

"Mestre Pastinha estava cego há 18 anos e á medida que permanecia ocioso, sem a atividade que dedicou a vida desde os oito anos – ele aprendeu Capoeira de Angola com um negro liberto, chamado Benedito, depois foi marinheiro, pedreiro, marceneiro, mas sobretudo, capoeirista – foi vitimado por um derrame cerebral no ano passado. Esteve internado no Hospital dos Servidores Municipais e devido à falta de recursos para manter o seu tratamento médico, sua companheira, Maria Romelia Costa Oliveira (*Dona Nice*), o internou no Abrigo de Velhos Dom Pedro II.

Dona Nice, segundo Jorge Amado, o protegeu durante a vida – e com a cegueira, impediu que ele fosse explorado.

'*Pastinha tem sido vítima de muitos vigaristas e vive como um bicho*', desabafou o escritor em 1978, criticando os pesquisadores da cultura negra que absorviam informações de Mestre Pastinha e nada lhe retribuíam, lamentando as condições de vida do guardião da Capoeira Angola.

Numa de suas últimas entrevistas, Mestre Pastinha falou da Capoeira de Angola:

"*O segredo da Capoeira morre comigo e com muitos outros mestres. O que há hoje é muita acrobacia e pouca Capoeira. Capoeira é amorosa, não é perversa. Capoeira não é minha, é dos africanos. É mandinga de escravo africano no Brasil. Um costume como qualquer outro, um hábito cortês que criamos dentro de nós. Uma coisa vagabunda*".

Manoel dos Reis Machado, o mestre Bimba

*"Chora capoeira
capoeira chora
chora capoeira
mestre Bimba foi embora..."*

No dia 23 de novembro de 1899 nasceu no bairro de Engenho Velho, freguesia de Brotas, cidade de Salvador, Bahia, Manoel dos Reis Machado. Teve como pai Luis Cândido Machado, caboclo de Feira de Santana. Sua mãe, Maria Martinha do Bonfim, era uma crioula de Cachoeira.

Logo ao nascer o garoto ganhou um nome que se tornaria símbolo e sinônimo da Capoeira. Isso graças a uma frase dita à hora do parto: - *olha a bimbinha dele!* Esta exclamação definiu o resultado de uma aposta entre a mãe da criança - que imaginava uma menina - e a parteira, que previra um menino. Ninguém seria capaz de pensar, naquele momento, que Bimba passaria a ser um nome destinado a acompanhar o futuro capoeira em sua entrada na história do jogo.

O aprendizado de lutas se iniciou com o pai, à época famoso lutador de batuque - uma antiga forma de luta negra. Aos 12 anos começou a aprender Capoeira com o africano Bentinho, capitão da Cia. de Navegação Bahiana. Segundo suas palavras, o sistema de aulas à época era bastante violento. As rodas eram formadas na Estrada das Boiadas (atual bairro da Liberdade), em Salvador, num ritmo bravio ao som do berimbau. Mestre Bimba costumava recordar um golpe formidável aplicado por Bentinho, que o acertara na cabeça, provocando um desmaio até o dia seguinte...

Seu trabalho como mestre-capoeira iria distinguir-se pela divulgação do jogo em todos os recantos do país e a elaboração de um sistema próprio de treinamento e transmissão dos conhecimentos e técnicas do jogo: a Capoeira Regional Bahiana.

Graças aos seus esforços foi aberta a primeira Academia de Capoeira com autorização oficial. Esta seria a forma adotada por inúmeros mestres para obter e legalizar um espaço, onde a prática do jogo não sofreria o perigo de perseguições. Afinal, era o ano de 1937 e o país vivia sob uma ditadura – período que sempre se destaca pela generalização das arbitrariedade e cometimento de toda sorte de violências pelos detentores do poder. E o que era tolerado em um dia poderia ser reprimido no outro.

Em sua vida Bimba foi trapicheiro, doqueiro, carroceiro, carpinteiro. Mas acima de qualquer coisa e por todo o tempo, mestre-capoeira. Um dos maiores nomes deste ofício.

Ninguém melhor que um contemporâneo de Bimba para descrevê-lo brincando a Capoeira. Ramagem Badaró – de conhecida família baiana da zona de cultivo do cacau, que foi enfocada por Jorge Amado em *Terras do Sem Fim* –, jornalista, advogado e escritor, autor do romance *O Sol*, deixou interessante relato acerca do mestre, no artigo intitulado '*Os negros lutam suas lutas misteriosas; Bimba é o grande rei negro do misterioso rito africano*', publicado em *Saga - magazine das Américas*, no ano de 1944, em Salvador.

"Tinha uma difícil missão a cumprir. Encontrar um assunto para uma reportagem que não fosse sobre guerras, suicídios ou crime. Um assunto diferente que não proviesse da fonte comum de todas as reportagens da cidade. Das delegacias de polícia, do Necrotério ou da Assistência. Porque os casos de delegacia são sempre os mesmos: roubo, crime e sedução. Os de Necrotério são anacrônicos e os de Assistência, banalíssimos.

'Estava nesse dilema, quando passou um negro de andar gingante de capoeira. Tinha resolvido o problema. Lembrei-me de mestre Bimba e da velha Roça do Lobo. Fui até o bairro elegante dos Barris, em cujos flancos se derramam em desordem as casas de taipa da vala do Dique. Presépios de palha da miséria sem esperança dos homens do povo. Quando comecei a descer pela picada aberta na ladeira pelos pés descalços e calosos daquela gente que nasce com o atavismo dos párias e a herança do infortúnio, já os sons dos berimbaus traziam aos meus ouvidos o cartão de boas vindas do terreiro de mestre Bimba. Continuei descendo, até que de repente o caminho se alargou e se confundiu com o terreiro onde os homens lutavam Capoeira. O povo formava um círculo ao redor dos dois homens lutando. Jogando Capoeira no centro do círculo.

'O berimbau batia compassadamente, tin-tin-tin... tin-tin-tin... tin-tin-tin... Enquanto os homens pulavam, caíam, levantavam-se num salto e deixavam-se cair outra vez, se golpeando mutuamente. O povo batia palmas acompanhando a música dos berimbaus e cantando o estribilho da Capoeira:

Zum, zum, zum, zum/ Capoeira mata um
Zum, zum, zum, zum/ No terreiro fica um...

'Caí também no meio da turma e comecei a bater palmas e a tentar cantar o zum, zum da Capoeira (...)."

Badaró narra o instante que precede a entrada do mestre Bimba no jogo e a emoção que tomou conta dos espectadores.

"De súbito, o tin-tin nervoso dos berimbaus sumiu, calou-se, parou. Os berimbaus deixaram de tocar. Os homens que estavam lutando também pararam. Com as roupas molhadas de suor desenhando nas dobras do corpo os músculos possantes. Os assistentes aplaudiram os homens que tinham acabado de lutar. E eles cantaram um corrido, agradecendo os aplausos.

Ai-ai de lelô/ Iem-ien de lalá
Adeus meus irmãos/ Nós vamos rezar

'Nesse momento gritaram:
— Mestre Bimba vai lutar!
'Todo mundo se voltou para trás, batendo palmas e gritando:
Mestre Bimba... mestre... viva... viva... vivôôôôôô.
'Um preto agigantado entrou no círculo formado pelo povo. Sorrindo. A multidão aplaudiu com mais força. O sol bateu-lhe de rijo no rosto escuro, iluminando-lhe as feições. Era de fato, alto. O rosto oval. Os olhos fundos escondidos numa testa saliente. Nariz chato. Carapinha rala quase careca. E um bigode pequeno, ralo, em forma de triângulo sobre os lábios grossos. Mas no conjunto era simpático."

O jornalista narra a forma como Bimba se prepara para jogar, enfatizando a aura de respeito que envolvia o famoso mestre. Uma disputa de versos antecede o confronto na roda de Capoeira:

"Quando Bimba entrou no círculo os berimbaus começaram a ensaiar uns toques. E a multidão que enchia o terreiro aplaudia freneticamente o seu ídolo. Nisso, um crioulo possante entrou no círculo, aceitando o desafio. E o povo comentou a coragem daquele homem que ia lutar com Bimba. Porque entrar numa luta com Bimba sem ser convidado por ele é procurar encrenca. Mesmo sendo mera demonstração. Porque ele é o rei da Capoeira. Os berimbaus ensaiaram um toque e um dos homens perguntou:

'– Qual é o toque? - São Bento Grande Repicado, Santa Maria, Ave Maria, Benguela, Cavalaria, Calambolô, Tira-de-lá-bota-cá, Idalina, ou Conceição da Praia?

'Bimba pensou rapidamente e disse:

'– Toque Amazonas e depois Benguela.

'Os berimbaus começaram a tocar. O crioulo aproximou-se e mestre Bimba apertou-lhe a mão. E o povo começou a acompanhar o tin-tin-tin dos berimbaus, batendo palmas. Bimba balanceou o corpo e cantou:

No dia que eu amanheço/ Dentro de Itabaianinha
Homem não monta cavalo/ Nem mulher deita galinha
As freiras que estão rezando/ Se esquecem da ladainha

'Mas o crioulo não ficou atrás e cantou, negaceando o corpo no compasso dos berimbaus.

A iúna é mandingueira/ Quando está no bebedor
Foi sabida e é ligeira/ Mas capoeira matou

'Palmas festejaram o repente do crioulo. Porém, Bimba não deu tréguas à vitória do outro. E respondeu:

Oração de braço forte/ Oração de São Mateus
Pro cemitério vão os ossos/ Os seus ossos, não os meus

'Novamente o povo aplaudiu e cantou o estribilho da Capoeira:

Zum, zum, zum, zum/ Capoeira mata um
Zum, zum, zum, zum/ No terreiro fica um

'O crioulo, entretanto, não deixou cair a quadra de mestre Bimba e replicou:

E eu nasci no sábado/ No domingo me criei
E na segunda-feira/ A Capoeira joguei

'A multidão deu vivas e bateu palmas para os dois lutadores no centro do círculo. Uma preta comentou:
'– Bom menino! Se for bom na briga como é no canto, boa parada para Bimba."

Começa então a disputa na roda e Ramagem Badaró conta com detalhes o momento final: "Os dois lutadores negaceavam os corpos ao som da música dos berimbaus. Um defronte do outro. Olhando-se dentro dos olhos, se estudando mutuamente. O crioulo foi o primeiro a começar. Fazendo algumas fintas, procurando descobrir as partes fracas do adversário. E mestre Bimba aparentemente deixava-se cair nas ciladas do outro. O crioulo foi começando a tomar gosto e abrindo mais a própria guarda, concentrado no ataque. A multidão no terreiro da Roça do Lobo continuava acompanhando com as mãos o tin-tin-tin dos berimbaus. E a cantar em coro o estribilho da Capoeira:

Zum, zum, zum, zum/ Capoeira mata um
Zum, zum, zum, zum/ No terreiro fica um

'Enquanto isso os lutadores continuavam negaceando os corpos, procurando descobrir os pontos fracos do adversário.

'De repente, pararam de súbito. E ficaram mudos de atenção, apreciando o ataque. O crioulo avançou rápido, levantou uma perna e deu uma meia-lua-armada pela direita de Bimba. Porém, não deu resultado, porque Bimba foi mais rápido. Deixou-se cair na guarda, enquanto tentava puxar o adversário numa rasteira. Mas, o crioulo também era ligeiro e livrou-se do golpe com um aú pela esquerda. Bimba insistiu, tornando a atacá-lo. Tentando pegá-lo numa cabeçada presa. Porém o crioulo contra-atacou com uma calcanheira violentíssima. Entretanto Bimba livrou-se agilmente com um formidável pulo mortal.

'Os berimbaus tocavam com mais frenesi. Demonstrando a excitação nervosa dos tocadores. Também as palmas de acompanhamento diminuíram muito, quase cessando.

'Enquanto isso a assistência completamente em suspenso, apreciava a luta nos seus mínimos detalhes.

'Bimba notou que tinha bom adversário. O crioulo era bom de verdade. Manhoso, ágil e corajoso. O crioulo começou a se afastar de Bimba como se fosse dar-lhe as costas numa fuga. Bimba percebeu de relance o truque do adversário e ficou em guarda. Os músculos completamente controlados, prontos para aproveitar aquela oportunidade. Como ele esperava, o crioulo deu-lhe completamente as costas, como se fugisse da luta. Esperando que ele caísse no velho truque da Capoeira e mergulhasse num arpão de cabeça, dando-lhe a oportunidade de contra-atacar com um mortífero arpão de joelho. Mestre Bimba, que já previra o golpe, defendeu-se com uma negativa. Puxando ao mesmo tempo a única perna do crioulo apoiada no chão, com uma violenta rasteira. Pegado de surpresa, o crioulo perdeu o equilíbrio, subiu e desabou no terreiro. Uma gritaria retumbante festejou a sagacidade de Bimba. Todo mundo ficou excitado, menos mestre Bimba.

'O capoeirista caído, levantou-se com a mesma rapidez com que caíra. Porém, estava raivoso, com o sangue fervendo nas veias. Danado de raiva e meio descontrolado. E afastou-se de Bimba, sempre negaceando o corpo, procurando desanuviar a cabeça. A assistência gritava e batia palmas acompanhando o tin-tin-tin nervoso da orquestra dos berimbaus e o xique-xique dos chocalhos de vime, cantando sempre o estribilho da capoeira:

Zum, zum, zum, zum / Capoeira mata um
Zum, zum, zum, zum / No terreiro fica um

'Nesse instante o crioulo voltou novamente para o centro do círculo. E avançou para Bimba tentando pegá-lo numa vingativa pela esquerda. Não acertou e tomou uma vaia. O crioulo se descontrolou e avançou louco de raiva. Tentou apanhar Bimba com um golpe de cotovelo e um sopapo galopante. Mas Bimba não se deixava alcançar. Continuava negaceando o corpo, sempre fintando, por meio de rápidas escapadas. A multidão delirava. Isso, entretanto, lhe distraiu a atenção. Fazendo com que relaxasse a vigilância da sua guarda. E o crioulo soube tirar partido desse descuido. Aproximou-se veloz, levantou a perna e deu-lhe uma bênção em pleno peito. Mestre Bimba pressentiu o golpe e tentou livrar-se. Foi ligeiro. Mas não o suficiente para se livrar completamente do golpe. O peito lhe doeu e a sua vaidade também. Porque as palmas do público festejavam o crioulo.

'Bimba não deu tréguas à vitória do outro. Avançou para o crioulo fingindo ir dar um balão açoitado. Depois, ensaiou uma palma e levantou a perna como se fosse dar uma bênção. O crioulo ficou todo confuso com a rapidez e a sucessão dos golpes. Pensou que aquele último golpe era o verdadeiro ataque que Bimba queria fazer e procurou defender-se caindo numa rasteira. Viu o seu erro e tentou derrubar Bimba com uma encruzilhada. Também errou e mestre Bimba dominou-o com um tronco de pescoço, antes que ele pudesse livrar-se num balão. Tinha vencido a luta. O povo invadiu o terreiro aplaudindo o rei da Capoeira. Bimba abraçou o adversário. E o crioulo mostrou que era homem mesmo. Cantou:

Santo Antônio pequenino / Amansador de burro brabo
Amansai-me em Capoeira / com setenta mil diabos

'Bimba gostou do elogio e retribuiu, cantando:

Conheci um camarada / Quando nós andarmos juntos
Não vai haver cemitérios / Pra caber tantos defuntos

'A multidão tornou a aplaudir e mestre Bimba abraçou o crioulo (...)."
Com sua incursão no terreiro de mestre Bimba, Ramagem Badaró conseguiu sua reportagem e escreveu bonita página sobre a Capoeira desse tempo, mostrando-nos mais uma vez o quanto é solidária a autêntica manifestação da luta, nessa arte.

Mestre Bimba dedicou-se ao jogo até o final dos seus dias. Em seus últimos anos de vida, deixou a Bahia e foi para Goiânia, capital do estado de

Goiás, atraído pela possibilidade de encontrar o reconhecimento a que fazia jus. No ano de 1974 mestre Bimba deixou definitivamente o convívio da família, amigos e discípulos e passou a ocupar lugar de destaque na memória da Capoeira.

III
NA RODA DA CAPOEIRA

"Sons de grilhetas nas estradas
Canto de pássaros
Com a verdura úmida das florestas
Frescura na sinfonia adocicada
Dos coqueirais
Fogo
Fogo no capim
Fogo sobre o quente das chapas do Cayatte.

Caminhos largos
Cheios de gente cheios de gente
Em êxodo de toda parte
Caminhos largos para os horizontes fechados
Mas caminhos
Caminhos abertos por cima
Da impossibilidade dos braços.

Fogueiras
Dança
tamtam
ritmo

Ritmo na luz
ritmo na cor
ritmo no movimento
ritmo nas gretas sangrentas dos pés descalços
ritmo nas unhas descarnadas
Mas ritmo
ritmo.
Ó vozes dolorosas de África!"
  Agostinho Neto, Fogo e ritmo.

A Música da Capoeira

"Berimbau já fez chamada
Já é hora de lutar
essa dança Capoeira, oi sinhá
é de matar..."

Como as primeiras manifestações musicais não deixaram vestígios seguros, é impossível precisar como e quando surgiu a música. A maior parte dos estudiosos sequer se arrisca a fazer especulações; outros abordam hipóteses com base no que se sabe sobre a vida humana pré-histórica e preenchem as lacunas óbvias com forte dose de imaginação. Entretanto, nenhuma teoria afirma com certeza o momento em que os primitivos começaram a fazer arte por meio de sons.

Ao que tudo indica, o homem das cavernas conferia à sua música um sentido religioso, considerando-a um presente dos deuses e atribuindo-lhe funções mágicas. Associada à dança, a música assumia um caráter ritual, por meio do qual era possível reverenciar o Desconhecido, agradecendo-lhe a fertilidade da terra, a abundância da caça. Com o ritmo saído de movimentos elementares – batendo as mãos e os pés – talvez eles buscassem também celebrar fatos da sua realidade: vitórias nas guerras, descobertas surpreendentes. Com o passar do tempo, além do uso das batidas de mãos e pés, suas danças passaram a ser ritmadas com pancadas na madeira, a princípio de forma simples e depois mais trabalhadas, para soarem de modo diferente. Pode ter surgido daí o instrumento de percussão.

Não é difícil imaginar o quanto os barulhos da natureza deviam fascinar o homem daqueles tempos, inspirando-lhe a vontade de imitar o ruído das águas, o sopro do vento, os sons dos demais animais. Como para isso o ritmo não era suficiente e o artesanato ainda não possibilitava a invenção de instrumentos melódicos, estranhos sons emitidos pela garganta devem ter constituído as formas rudimentares de canto. Isto junto com o ritmo resultou numa mistura de palmas, gritos e batidas. Era tudo ao alcance do homem primitivo. E certamente terá sido um estilo que resistiu por muito tempo.

Segundo os conceitos atuais de música, essas tentativas de expressão foram demasiado pobres para se enquadrarem na categoria de arte musical. Do ponto de vista histórico, entretanto, tiveram uma importância enorme, pois a rítmica elementar então desenvolvida acompanhou o homem em sua caminhada, se espalhando sobre a terra, preponderantes na elaboração de culturas e civilizações. E continuou evoluindo com ele, acumulando todas as transformações vividas pela humanidade até os dias atuais, sendo que muitas de suas antigas descobertas permanecem em pleno uso, com pequenas modificações

A RODA DE CAPOEIRA

"Vamos começar a brincadeira
brincadeira de capoeira
Olha a armada, meia-lua e a rasteira
E o tombo da ladeira"

A roda – a reunião dos capoeiras para o jogo formando um semicírculo – se enche de sons. É uma festa de ritmos e cantos bravios, onde a sensibilidade se manifesta livremente. E acontece a dança e o canto em meio à luta.

Na Capoeira a musicalidade é fundamental. Raiz e corpo da arte, a melodia flui de toda parte. Berimbaus, atabaques, ganzás, agogôs, pandeiros, tudo é som e movimento.

As cantigas estão presentes no jogo desde quando se forma o círculo. E o primeiro canto – geralmente conduzido pelo capoeira mais antigo presente à roda – pode ser um improviso.

Se o berimbau toca Angola, o canto inicial é um solo denominado ladainha. Neste momento, enquanto é ouvida a cantiga, não há jogo. A atenção de todos está no conteúdo da música. Pode estar sendo transmitida uma mensagem onde o capoeira dá expressão à sua vivência na roda ou às experiências adquiridas ao longo da vida. Pode ser ainda que a ladainha rememore fatos passados, trazidos à lembrança como aviso aos jovens, enquanto perpetua um pouco da história do jogo e dos capoeiras.

A música é um dos instrumentos de preservação da memória, transmitindo as tradições de diferentes épocas do passado da Capoeira. O canto às vezes exprime tristeza pela ausência de um camarada que já morreu, encerrando ainda uma advertência ou observação, um exemplo prático, uma lição para a vida. Ao encerrar a ladainha é iniciado pelo solista um refrão, sinal para a entrada do coro formado pelos capoeiras.

Quando o jogo tem seu desenvolvimento as cantigas acompanham e descrevem numa linguagem peculiar situações que acontecem na roda. O canto também pode determinar de forma sutil o desenvolvimento das ações.

A poesia pode significar uma provocação a alguém ou uma brincadeira com qualquer dos capoeiras; pode traduzir uma advertência à forma às vezes perigosa em que transcorre o jogo; pode ser ainda a reverência a um orixá. De qualquer forma, as cantigas trazem uma característica comum – a linguagem figurada e de compreensão restrita aos jogadores.

A sonoridade vibrante dos berimbaus é magnética. Agora tocam a Iúna. Dizem os antigos que neste toque ressoa o canto da ave Inhuma (ou Anhuma) e conta a lenda que ela é portadora de uma força mágica. Encantada, dos seus pios se desprende a magia dos deuses...

Ouçamos o toque. Num dado momento se destacam os sons agudos de um berimbau para no instante seguinte serem suplantados por outro, que vibra com profunda gravidade. É o diálogo das Iúnas. Como se dois seres mitológicos, tomados de profunda paixão, tornassem audível seu canto de amor. Que às vezes ecoa aparentando entendimento, para subitamente transfigurar-se no embate inarmônico de apaixonado desencontro.

Ao final prevalece a compreensão entre berimbaus gunga e viola – de timbres grave e agudo, respectivamente – mas fica a nítida impressão que de repente começará tudo mais um vez.

O atabaque traz evocações que transportam ao mundo da magia. O ritmo misterioso descobre – à visão da mente – um cenário de realismo fantástico. A força dos sons invade o capoeira arrastando o pensamento que se perde num turbilhão de emoções e pode levar à trilha do sobrenatural: empolgação e fascínio se traduzem em agilidade e força. E se descortina a África viva em cada um de nós. Misteriosa, como a exaltação que brota bem de dentro, aos jorros; atinge a superfície da pele e transborda em gestos de força e beleza. Até que sobrevenha a calma e sossego, como numa estranha dança.

Os tons do agogô se destacam num claro contraponto entre a marcação discreta e a dissonância que fere os sentidos, despertando-os. Essa é sua função, e enquanto esses sons se fazem ouvir, se perde a noção do tempo e espaço, na excitação que atordoa: tudo se torna encanto.

Ao fundo o ganzá impõe o balanço do som capaz de prender – no seu movimento compassado – o fluxo da vontade, arrastando-a e somente liberando o capoeira depois de conquistada sua alma. Só aí ele retorna, entre surpreso e extasiado, ao confronto com a realidade. Talvez uma serpente mítica tenha sacudido os guizos, em meio ao torvelinho dos sentidos livres, e tenha capturado sua presa, tornando-a semelhante, dando-lhe suas características de contida agressividade e determinação.

O troar constante do reco-reco pode impelir o ouvinte a quedar-se surpreso. A atenção é desviada para o soar imprevisível, que causa a sensação de uma chibata imaginária, provocando estalos que ressoam dentro do capoeira, os açoites despertando arrepios de coragem e repercutindo na luta.

Noutro momento o berimbau toca Angola. Está prestes a acontecer o jogo de maior importância, que define o espírito da Capoeira. A voz do mestre se levanta, com um acento de tristeza e lamento, entoando um canto de forte sabor nostálgico. O berimbau gunga acompanha gravemente as modulações da voz, repicando de forma compassada e realçando cada verso da cantiga. E talvez resida nisto a grande musicalidade das ladainhas, todas de extrema simplicidade.

Enquanto o gunga se ajusta à voz que puxa a cantoria, formando um dueto, o berimbau viola acrescenta ao conjunto o timbre agudo, despontando em improvisos que se sucedem numa riqueza de variações impressionante.

Cada instrumento acrescenta à música colorido especial, dando vida à Capoeira. Africanos pela origem, nascidos do sangue e natureza do negro, construíram a brasilidade. Graças a eles, cantores nativistas são capazes de encontrar elementos para a composição de uma expressão musical brasileira, representativa dos sentimentos comuns à nossa gente. O som vai prosseguir por horas a fio, fazendo a delícia dos jogadores entregues à arte, embevecendo os que assistem à roda e ensinando um caminho para a redescoberta de outras formas de comunicação.

AS ORIGENS DO BERIMBAU

"A melodia crepitante das palmeiras/ lambida pelo furor duma queimada/ Cor/ estertor/ angústia/ E a música dos homens/ lambidos pelo fogo das batalhas inglórias/ Sorrisos/ dor/ angústia/ E a luta glorioa do povo/ A música/ que a minha alma sente."
Agostinho Neto, Sinfonias

Talvez desde a pré-história o arco musical se constitui numa das formas de instrumento encontradas pelo homem, na busca da expressão sonora que lhe permitisse exteriorizar o íntimo. E o acompanhou no decorrer da sua evolução, presente em diversas culturas até os dias atuais.

Acreditam alguns pesquisadores que o arco musical resultaria do desenvolvimento do arco de caça – cuja invenção pode ter ocorrido em algum momento entre cerca de 20.000 a 15.000 anos passados, no norte da África. Outros já supuseram exatamente o contrário: o arco de caça é que teria se originado do arco musical... E para aumentar o elenco de possibilidades, existem opiniões que discordam das anteriores: o arco musical e o arco de caça tiveram origem e desenvolvimento completamente independentes um do outro...

Dentre a diversidade de teorias a respeito do arco musical predomina certa concordância, ao ser fixado o período por volta de 15.000 a.C. como época em que possivelmente ocorreria o seu uso pelo homem primitivo. Pinturas localizadas em uma caverna (*Les Trois Fréres*) na região sudeste da França, feitas nesse período da pré-história, retratam um homem que se veste com peles de bisão, trazendo seguro um objeto que se parece com o arco, mantido próximo do rosto. O pesquisador Abbé Breuil identificou o desenho como de um homem tocando um arco musical.

De todo modo, relatos mais recentes de exploradores e viajantes, particularmente do século XIX, trazem outras evidências do arco musical na África Central, do Sul, Patagônia, Novo México, Brasil...

Existem formas diversas de classificação do arco musical. Assim, tanto pode ser incluído na categoria de cítaras, quanto algumas formas se encaixam com maior facilidade na classe das harpas. Mais uma vez, qualquer que seja a opinião seguida, o arco musical se fez presente nas antigas culturas egípcia, assíria, caldeia, fenícia, persa, hindu. Na África, muitas espécies de arco musical podem ser encontradas entre tribos de Uganda, pigmeus do Congo, em Angola e noutras regiões.

Como não foram efetuadas pesquisas em profundidade no Brasil e continente africano antes do final do século passado, não existem informações documentais quanto à presença e uso do arco musical, na forma por nós conhecida como berimbau, antes dessa época. Com certeza existiam – já que são utilizados tradicionalmente - há muito tempo no continente africano. O que não podemos é precisar desde quando.

Informações importantes foram prestadas por inúmeros exploradores, viajantes e pesquisadores do período final do século passado e alguns mais recentes, que apesar de fazerem narrativas um tanto superficiais e sem detalhes, nos permitem estabelecer a presença do nosso berimbau na África, originando sua presença também no Brasil, pois além das formas idênticas, são iguais em construção e tocados do mesmo modo. Resumindo, registram o mesmo instrumento, seja qual for a denominação dada em cada lugar.

O mais antigo desenho desse instrumento é dos exploradores Capelo e Ivens, que fizeram o desenho de um arco musical em tudo semelhante ao berimbau em *'De Benguela às terras de Iaca'*, Lisboa, 1881. O texto, porém, não traz nenhum comentário a respeito do instrumento.

Ladislau Batalha, no livro *Angola*, editado no ano de 1889, em Lisboa fez a seguinte descrição do berimbau: "O humbo é o tipo dos instrumentos de corda. Consta geralmente de metade de uma cabaça, oca e bem seca. Furam-na no centro, em dois pontos próximos. À parte, fazem um arco como de flecha, com a competente corda. Amarram a extremidade do arco, com uma cordinha do mato, à cabaça, por via dos dois orifícios; então, encostando o instrumento à pele do peito que serve neste caso de caixa sonora, fazem vibrar a corda do arco, por meio de uma palhinha."

A descrição não deixa dúvidas. Em que pese a ausência de detalhes mais específicos, o humbo é realmente nosso velho e conhecido berimbau. O mesmo Ladislau Batalha torna a referir-se a ele em *Costumes Angolenses*, de 1890, também publicado em Lisboa: "Um negralhão toca no seu humbo, espécie de guitarra de uma só corda a que o corpo nu do artista serve de caixa sonora."

No mesmo ano de 1890, ainda em Lisboa, Henrique Augusto Dias de Carvalho, em sua *Etnografia e História Tradicional dos Povos da Lunda*, desenhou o mesmo instrumento, sozinho e com outros, incluindo a denominação rucumbo e a descrição seguinte: "O rucumbo, constituído de uma corda distendida em arco de madeira flexível, que tem numa das extremidades uma pequena cabaça a servir de caixa de ressonância; o arco fica entalado entre o corpo e o braço esquerdo, indo a mão correspondente segurar nele a certa altura, e os sons são obtidos com a mão direita, por intermédio de uma pequena varinha que tange a corda em diferentes alturas."

O major Dias de Carvalho afirma ainda que "os lundas chamam-lhe violôm. Tocam-no quando passeiam e também quando estão deitados nas cubatas". Diz ainda que o instrumento era "muito cômodo e portátil".

Do *Álbum Etnográfico* de José Redinha, Luanda, s.d., consta um desenho de instrumento com a descrição a seguir: "Um monocórdio, lucungo, com caixa de ressonância, constituída por um copo de cabaça."

Outra informação da existência africana do berimbau decorre de Albano de Neves e Souza, consultado por Luis da Câmara Cascudo, e que afirmou: "(...) um instrumento aí chamado de Berimbau e que nós chamamos hungu ou m'bolumbumba, conforme os lugares e que é tipicamente pastoril, instrumento esse que segue os povos pastoris até a Swazilândia, na costa oriental da África."

No Brasil, um dos primeiros a fazer o registro da presença do berimbau foi Henry Koster, que descreveu o instrumento da seguinte forma: "(...) um grande arco com uma corda tendo uma meia quenga de coco no meio, ou uma pequena cabaça amarrada. Colocam-na contra o abdome e tocam a corda com o dedo ou com um pedacinho de pau."

Jean Baptiste Debret, em *Viagem Pitoresca e Histórica ao Brasil*, deixou-nos o desenho de um tocador de berimbau e uma descrição do instrumento, ao qual denomina urucungo: "E finalmente o urucungo, aqui representado. Este instrumento se compõe da metade de uma cabaça aderente a um arco formado por uma varinha curva com um fio de latão, sobre o qual se bate ligeiramente. Pode-se ao mesmo tempo estudar o instinto musical do tocador que apoia a mão sobre a frente descoberta da cabaça, a fim de obter pela vibração um som mais grave e harmonioso. Este efeito, quando feliz, só pode ser comparado ao som de uma corda e tímpano, pois é obtido batendo-se ligeiramente sobre a corda com uma pequena vareta que se segura entre o indicador e o dedo médio da mão direita."

Outra descrição acompanha a gravura que reproduz um instrumento em tudo idêntico ao berimbau, colocado à mão de um vendedor e que nos foi deixada por Johhan Emmanuel Pohl, em *Viagem no Interior do Brasil*, de 1832, onde afirma: "Os negros gostam muito de música. Consta da gritaria monótona de um entoador, como estribilho e seguido por todo o coro de maneira igualmente monótona, ou, quando instrumental, do sonido de uma corda retesada num pequeno arco, num simples instrumento que descansa sobre uma cabaça esvaziada que dá, no máximo, três tons..."

Estas são as descrições e referências mais antigas ao berimbau conhecidas até o momento. Apesar de ligeiras discordâncias quanto à denominação e detalhes menores, de há muito o berimbau se faz presente ao lado do negro, garantindo-lhe a presença da música no momento desejado.

A CONSTRUÇÃO DO BERIMBAU

"Biriba é pau, é pau
É pau pra fazer berimbau"

O primeiro passo para o fabrico do berimbau é a obtenção de uma madeira flexível e resistente, que suporte arqueamento e pressão sem ceder demasiado. Escolhe-se uma vara sem muitos nós ou grandes curvas, que bem pode ser a "biriba" (espécie nativa na Mata Atlântica e preferida pela maioria dos capoeiras) ou guatambú (mais facilmente encontrada nas regiões Centro Oeste e Sudeste do Brasil). Essas espécies de madeira são as mais indicadas – ao lado da taipoca e outras espécies nativas – na construção do berimbau, por se tornarem suas varas muito leves, após secas, sendo comuns longas hastes muito regulares, apresentando grossura mais ou menos uniforme de uma extremidade a outra. Tirada a vara, que não seja demasiado grossa ou muito fina. O tamanho ideal é de aproximadamente 1.20 m.

Quando a madeira ainda está verde, caso não seja perfeitamente reta, basta passá-la sobre o calor do fogo, ainda com casca, para que sejam corrigidas eventuais curvas, dando-lhe a forma reta necessária. A casca da madeira sai com facilidade, passando uma faca de lâmina afiada de ponta a ponta da vara, removendo longas tiras.

Passamos, a seguir, à confecção propriamente dita do berimbau. Esculpe-se uma pequena ponta na extremidade mais grossa da vara, que irá servir como conexão para se ajustar o arame do berimbau. A outra ponta deve ser bem acertada, pois irá receber um pequeno pedaço de sola de couro, que impedirá o arame de rachar a madeira.

O arame – que cumprirá o papel de corda do instrumento - é um fio de aço com um comprimento maior que a vara cerca de 20 cm e recebe em sua extremidade um laço de diâmetro adequado para se encaixar na ponta esculpida na madeira – que será o pé do instrumento - enquanto que no outro extremo recebe uma laçada menor, onde será amarrado o cordão que irá prendê-lo à madeira. Após esta primeira fase, o berimbau é vergado – ou "armado" para o ajuste da corda, formando o arco - com o emprego do joelho ou de um pé (conforme a habilidade de cada um para flexionar e tensionar a verga sem danificá-la) flexionando a madeira, enquanto uma das mãos apoia a extremidade superior da vara e a outra amarra o arame. Pronto o berimbau, já se tornou comum acrescentar-lhe discreta pintura, manchas de fogo e verniz, com a finalidade de embelezá-lo. Esta pintura às vezes possui um significado especial para o tocador, quando é este que confecciona o instrumento.

O próximo passo é a elaboração da caixa de ressonância, indispensável ao arco do berimbau. Para isto, utiliza-se uma cabaça que serve à perfeição ao nosso propósito. De preferência, que a cabaça se encontre já bem seca e não tenha sido colhida madura. Que a casca não seja demasiado grossa ou muito fina. O tamanho ideal terá uma circunferência de aproximadamente 18 cm – quando se pretenda fazer um berimbau gunga, de timbre grave; caso se pretenda um berimbau viola, de timbre agudo, o tamanho deverá ser menor, com cerca de 11 cm.

Escolhida a cabaça, primeiramente façamos uma abertura tal que seja possível a saída de um som claro. Esta abertura será proporcional ao diâmetro máximo alcançado pela cabaça – e feita na extremidade oposta à que se prende a haste quando ainda no pé. Concluída a abertura – feita com uma serra fina – se a cabaça for demasiado grossa é conveniente que coloquemos água em seu interior e deixar por 48h, para depois raspá-lo até que a casca se torne da espessura desejada. Isso para que a ressonância obtida seja de boa qualidade. Depois, com o emprego de uma lixa, daremos à abertura da cabaça o acabamento necessário.

Terminado este preparo, a cabaça receberá no seu fundo dois furos paralelos em uma distância de aproximadamente 3 cm um do outro, por onde irá passar o cordão que a manterá fixa ao arco. O tamanho deste cordão irá depender do grau de curvatura obtido pelo arco, para que a cabaça fique presa de forma tal que aperte o arame e proporcione ao tocador a necessária firmeza para segurar o instrumento, apoiando-o sobre o dedo mínimo através deste cordão. Servirá ainda para afinar o instrumento, conforme a pressão exercida sobre a corda.

Na escolha da vareta a ser utilizada na percussão do arame são preferidas pequenas varas tiradas de pedaços de bambu, da grossura aproximada de um lápis e comprimento de mais ou menos 30 cm. Outra espécie de vareta muito apreciada é de bambu fino, do tipo das varas de pesca, obedecendo às dimensões citadas.   A vareta será usada segura entre o dedo indicador e o polegar, apoiada sobre o dedo médio de uma mão, enquanto a outra sustenta o instrumento e prende o dobrão. A percussão da corda se dá numa altura pouco superior ao ponto onde o dobrão pressiona o arame. As batidas devem ser firmes.

O dobrão – denominação popular das antigas moedas de 40 réis – é empregado com a finalidade de pressionar o arame quando se pretende obter uma nota aguda, já que o berimbau emite dois tons básicos (grave e agudo) e outros efeitos. É por seu intermédio que o tocador estica ainda mais a corda do instrumento, provocando em conseqüência a modificação do tom grave para o agudo ou um chiado característico. Muitos capoeiras preferem o uso de pedras lisas e resistentes no lugar das moedas de cobre, por considerarem o som obtido mais agradável, além da escolha da pedra possibilitar o emprego daquela de formato mais conveniente para o manuseio do tocador.

Na execução do berimbau, outro instrumento constitui acessório indispensável: o caxixi, que é usado como chocalho.

Caxixi é o nome que se dá ao pequeno cesto de alças, feito com tiras de junco trançadas contendo em seu interior contas de lágrimas, pequenas conchas marinhas ou búzios. O seu fundo é feito de pedaços de cabaça.

Além do seu emprego como complemento ao berimbau, Edison Carneiro nos informa em *Candomblés da Bahia* acerca de outros usos do caxixi.

"Caxixi, s.m. Saquinho de palha trançada que contém sementes de bananeira-do-mato, usado pelos pais dos candomblés de Angola para acompanhar certos cânticos, especialmente a ingorôssi. (...) Ingorôssi, s.m. Reza da nação Angola. O tata, agitando um caxixi, fica no meio das filhas, que sentadas em esteiras, batem com a mão espalmada sobre a boca, respondendo ao solo. (...) O chefe do candomblé acrescenta à orquestra, quando Nagô ou Jeje, o som do adjá, uma ou duas campânulas compridas que, sacudidas ao movimento da filha, ajudam a manifestação do orixá, e quando Angola ou Congo, o som do caxixi, um saquinho de palha trançada cheio de sementes. (...) Os candomblés de Angola e do Congo saúdam conjuntamente os inkices com um cantochão lúgubre, o ingorôssi, que se compõe de mais de trinta cantigas diferentes. As muzenzas se sentam em esteiras, em volta do tata, que, com um caxixi na mão, faz o solo, respondido por um coro de gritos entrecortados por pequenas pancadas na boca."

No acompanhamento do berimbau o caxixi é usado prendendo-se a sua alça entre os dedos anular e médio da mão que segura a vareta. Tem destaque especial na marcação rítmica dos toques.

O SOM DA CAPOEIRA

*"Chibata na mão
Capoeira no pé
pega esse negro
que é de Nazaré.."*

As cantigas estão presentes no jogo desde o momento em que se forma a roda. O canto inicial – em geral conduzido pelo mestre, ou capoeira mais antigo – pode constituir-se na apresentação da roda, do lugar onde é feito o jogo.

Quando um capoeira visita uma roda formada por grupo que não freqüente habitualmente, o canto de abertura pode ser seu, o que demonstrará deferência e homenagem ao visitante.

O toque do berimbau agrupa os capoeiras em círculo. A princípio, somente se ouve o som do gunga; em seguida entram no ritmo os demais berimbaus. O viola e o violinha, com seu timbre ainda mais agudo. Agora é a vez do atabaque, com sua marcação forte, pesada. Um a um se apresentam para a roda o agogô, reco-reco, pandeiro, ganzá.

Os capoeiras acompanham com palmas o som dos instrumentos. Todos permanecem de pé. O toque inicial é Angola, e o canto - um solo: a ladainha – pode ser costumeiro àquela roda ou improvisado, como esta cantiga de autoria do mestre Canjiquinha:

'Meu Deus o que eu faço/para viver nesse mundo/se ando limpo, sou malandro/se ando sujo, sou imundo/oh que mundo véio grande/oh que mundo enganadô/se eu não brigo, sou covarde/se mato sou assassino/se eu não falo, sou calado/se falo, sou faladô/eu digo dessa maneira/meu mestre que me ensinô...'

Durante a ladainha não há jogo. Os capoeiras ouvem atentamente o canto. Neste momento o mestre-capoeira transmite uma mensagem à roda ou a determinado capoeira. É na cantiga que o capoeira expressa sua vivência no jogo.

*'Quando eu tinha dinheiro/ levei a vida a vadiar/
comi na mesa de ioiô/ deitei na cama de iaiá/
o dinheiro acabou/ me mandaram trabalhar...*

Às vezes a ladainha traz à lembrança fatos passados, relembrados como aviso aos jovens, e assim o capoeira guarda até hoje a história do jogo e dos jogadores, instrumento de preservação da memória e transmissão das tradições de cada época e da sua arte.

'Tava lá em casa/ sem pensar, nem 'maginar/ quando ouvi bater na porta/ mandaram me chamar/ para ajudar a vencer/ a guerra do Paraguai/ eu que nunca fui de luta/ nem pretendia lutar/ botei a arma na mão/ era tempo de brigar/ era hora de lutar...'

Pode acontecer ainda de estar mesclada à alegria da brincadeira a tristeza pela ausência do capoeira que já morreu e o canto busca exprimir estes sentimentos.

*'Adeus Bahia, zum, zum, zum/ Cordão de Ouro
eu vou partir/ porque mataram o meu Besouro...'*

Os que ouvem procuram estar atentos ao conteúdo do canto, que pode conter uma advertência ou observação, um exemplo prático, uma lição para a vida.

*'Mataram o capoeira/ dentro da delegacia
delegado me chamou/ p'ra prestar depoimento
daquilo que eu não sabia...'*

Ao terminar a ladainha o mestre inicia um refrão, que é o sinal para a entrada do coro, acompanhando o canto.

'Iê, viva meu Deus/ viva meu mestre/ galo cantou/ é hora, é hora/ da volta ao mundo/ que o mundo deu/ que o mundo dá/ camará'

Antes de iniciar o jogo, entrando na roda, os capoeiras executam um movimento de reverência, de saudação à Capoeira, ao berimbau, à roda, de respeito aos camaradas presentes. É uma demonstração de obediência ao jogo e às suas regras.

Os capoeiras firmam o corpo sobre as mãos apoiadas ao solo, braços flexionados – um sob o corpo, o outro em posição paralela. A perna que corresponde ao braço utilizado em apoio permanece acima do solo, flexionada; a outra se coloca em posição ainda mais alta, estirada.

Deste modo, em uma demonstração de habilidade, domínio do corpo e equilíbrio, os capoeiras anunciam sua disposição dentro da roda: a brincadeira, a disputa baseada no respeito aos fundamentos da arte.

Feita a saudação, os capoeiras se cumprimentam e entram na roda. O jogo se desenvolve e o canto acompanha as situações que acontecem na roda, quando não as provoca, como ocorre quando um jogador procura demonstrar sua superioridade ao outro.

'Pega esse negro/ derruba no chão
esse negro é valente/ esse negro é o cão..'.

Quando há intenção de provocar alguém, da assistência ou dentro da roda, o capoeira que conduz o canto pode entoar:

E é tu que é moleque/ moleque é tu/ mas é tu que é moleque/ moleque é tu/ moleque te pego/ te jogo no chão/ castiga o moleque/ conforme a razão...

O canto pode servir para brincar com uma mulher que entra na roda:

Se essa mulher fosse minha/ eu ensinava a viver
dava mamão com farinha/ de noite e de dia
p'ra ela aprender...

A brincadeira do canto pode envolver uma advertência velada aos jogadores, se um deles é atingido ou provocado de forma perigosa. Noutras vezes a cantiga também narra acontecimentos ocorridos dentro do jogo, de significação própria:

Siri botou/ gameleira no chão
botou, botou/ gameleira no chão...

Pode ser que a música sirva de consolo a um capoeira que não se dê bem no jogo, em linguagem peculiar:

A canoa virou/ marinheiro
no fundo do mar/ tem dinheiro...

É comum ainda o canto em que há referência a determinado orixá, da devoção do jogador; outros mencionam o nome de um capoeira, em sua homenagem.

As letras trazem uma característica comum: a linguagem, em geral, é figurada, sendo sua compreensão restrita aos capoeiras. Com isto, para os que ignoram sua função, são apenas cantigas...

Os capoeiras prosseguem no jogo, nos seus gestos de enorme beleza. Sem se tocarem, na comunicação dos movimentos imprevistos e súbitos. O bom capoeira jamais explicita seus golpes. Age sorrateiramente e só atacando quando o adversário está vulnerável. Parece milagre que as pernas percorram o mesmo espaço sem se chocarem. Ninguém é ferido, não há agressão. A luta existe no esforço de suplantar o adversário pela habilidade na execução do jogo.

A roda pode durar horas, prendendo os espectadores na agilidade e alegria dos cantos e movimentos, na sucessão de cenas emocionantes, onde um minuto de desatenção pode levar um dos capoeiras ao solo. Mas não se deixem enganar... A dança pode ser um jogo camuflando a luta e a brincadeira pode ter um final inesperado:

São Salvador, Bahia
A tarde morria devagar
E berimbau se ouvia
Gente na rua a passar
Alguém no desejo da briga
Fazia cantiga de provocar
São Salvador, Bahia
Um homem passando escutou/
Isso é comigo! e falou:
Se quer jogar vamos lá
Eu ia pra lá mas não vou
E dizendo se ajoelhou
Dois homens fizeram oração
Começaram jogando no chão
Jogaram Angola, Santa Maria
São Bento Pequeno
Cavalaria
E o povo assistia
Tremendo
Capoeira pra matar
Faca de ponta/
Rabo de arraia/
Na dança da morte do lugar

A ARTE DA CAPOEIRA

São Salvador, Bahia
Quando a polícia chegou
Um corpo no chão havia
Em volta o silêncio dizendo
Seu moço, essa briga acabou
São Salvador, Bahia
Bahia de São Salvador"
Paulo Cunha, São Salvador, Bahia

O JOGO DA CAPOEIRA

"Capoeira é luta de bailarinos. É dança de gladiadores. É duelo de camaradas. É jogo, é bailado, é disputa - simbiose perfeita de força e ritmo, poesia e agilidade. Única em que os movimentos são comandados pela música e pelo canto. A submissão da força ao ritmo. Da violência à melodia. A sublimação dos antagonismos.

Na Capoeira, os contendores não são adversários, são 'camaradas'. Não lutam, fingem lutar. Procuram – genialmente – dar a visão artística de um combate. Acima do espírito de competição, há neles um sentido de beleza. O capoeira é um artista e um atleta, um jogador e um poeta."

Dias Gomes

Para compreender esse jogo é preciso primeiramente entender o propósito dos capoeiras ao entrarem na roda. A leitura gestual do jogo de Capoeira desvenda-o como um modo particular de fazer política: as estratégias baseada sobretudo no enfrentamento indireto.

A luta-dança-jogo expressa o modo como os negros inverteram, a seu favor, a força visível e explícita dos poderosos, fugindo do enfrentamento direto a partir de regras que não foram definidas por eles.

A aparente oposição entre a rebeldia passiva e a rebeldia ativa determina a dubiedade do jogo de Capoeira: os seus movimentos corporais indicam uma negociação, mais do que rebelião. Durante o confronto os corpos negociam e a ginga significa a possibilidade da barganha, atuando no sentido de moderar o conflito. Ao menor sinal de distração do oponente, quando "as chances de falhar são mínimas" (como ensinava mestre Pastinha), explode o contra-ataque, como um relâmpago, deflagrando-se então o conflito.

Esse é um jogo de considerável complexidade – apesar da aparência simples –, onde há objetividade em todos os gestos e uma filosofia intrínseca determinando o sentido da movimentação. A disputa às vezes transcorre de forma tão sutil que muitos não se apercebem da sua existência, ou não conseguem entendê-la. O capoeira pretende suplantar o oponente: só que é dada ênfase especial à malícia na movimentação; a inteligência é privilegiada na execução dos golpes, em detrimento da aplicação de movimentos de força e potência. Predomina particularmente a astúcia nos contra-ataques irresistíveis.

Não há o objetivo de superar o adversário na base do vale-tudo. Os gestos são naturalmente estudados, permitindo a observação detida de um camarada pelo outro. Se um movimento é executado de forma irrefletida, seu autor não perde por esperar... De pronto está criada a oportunidade de uma sucessão de ataques e contra-ataques. Cada gesto é executado com muita atenção em todos os detalhes. A hora exata de empregá-lo é aquela que diminua as possibilidades de deixar uma brecha para a defesa. É imprescindível estar atento às reações do oponente, procurar iludi-lo, chamá-lo para a armadilha. Tudo de forma calculada, treinada, assimilada durante horas de exercício e prática.

Este é o princípio fundamental do jogo de Capoeira: nada de explosões de violência. Não se trata de uma briga, mas de um entretenimento. Deve prevalecer a aceitação das regras. Malícia, manha, astúcia, esperteza, são sinônimos do jogo. Não se pretende a demonstração ou exibição de nada que não seja a competência na disputa.

A movimentação do jogo acontece basicamente no chão. Isto não quer dizer que não podem ser executados movimentos altos; significa que o capoeira busca explorar as facilidades de locomoção pelo solo, fazendo uso de todos os recursos colocados ao seu dispor graças aos treinos, destinados a habilitar o praticante a gestos aparentemente inofensivos.

Se um capoeira interrompe um movimento já iniciado, por encontrar-se o adversário demasiado longe, é bem provável que o outro capoeira reaja de forma insólita: se aproximando do oponente aos saltos, como se fosse um símio, para desferir potente cabeçada. Pode ser ainda que o seu parceiro escapula do ataque correndo pelo solo, como se fosse um gato.

No jogo da Capoeira se desconfia de imediato do capoeira que afivela um sorriso fixo ao rosto, como se tudo não passasse de uma grande piada. Essa pode ser a forma encontrada para criar-se um clima descontraído, onde as defesas ficarão abertas, permitindo o ataque desconcertante.

Em razão do espírito bem-humorado e descontraído do jogo de gestos soltos e naturais, tanto faz se o capoeira é um garotão bem nutrido, cheio de músculos e espelhando vigor, ou se é um velho mestre. O que importa é a vivência, a experiência, a sabedoria, a prática: vale mais o conhecimento dos fundamentos da Capoeira.

As oportunidades de atingir o adversário não são procuradas com a ferocidade típica do combate entre irracionais. O capoeira sabe –

simplesmente ao encostar o pé no adversário – que seus movimentos podem ser fatais. Então, para que atirar o adversário à distância, nocauteado, talvez inutilizado?

A essência da Capoeira é compreender o jogo como uma brincadeira entre amigos, que se respeitam e vêem na luta uma diversão amistosa. Nesse brinquedo vale mais um movimento desnorteante que um chute arrasador. É preciso malícia, manha, para suplantar o oponente. Saber esperar sem perder o espírito malandreado do jogo. Na hora certa surgirá a oportunidade; basta ter calma. A própria circularidade do jogo e de seus movimentos assegura ao capoeira que eventualmente se encontre em desvantagem, a oportunidade ideal para recuperar terreno.

O capoeira busca o jogo no chão por saber que ali os recursos físicos se igualam: a vantagem só poderá ser encontrada com muita da habilidade. Cada gesto envolve grande margem de risco, em razão de detalhes aparentemente insignificantes. Um movimento executado de forma que deixe parte do tronco ou da cabeça desprotegidos é de imediato aproveitado pelo contendor, que logo procura atacar a região desguarnecida. No momento seguinte o capoeira que levou vantagem se afasta sorridente – e quando ninguém estiver esperando, inicia o contra-ataque, tirando proveito de cada brecha na defesa do adversário. As iniciativas de ataque e defesa se sucedem uma após a outra, exigindo total concentração dos jogadores

As oportunidades de superar o adversário não são forçadas. O clima de brincadeira entre companheiros não é quebrado por cenas de violência banal. A superioridade de um capoeira em relação a outro – ou mesmo o equilíbrio entre ambos – se manifesta tanto na oportunidade bem aproveitada para evidenciar esperteza, quanto no modo educado de reconhecer o momento de vacilação.

A tradição do jogo não admite que o capoeira em desvantagem busque a desforra ou o revide a qualquer custo. O capoeira sabe que se no passado o aspecto de brinquedo e diversão do jogo representava uma estratégia política para ocultar o aspecto combativo, proeminente na capoeira da sociedade escravista, até hoje essa natureza dúplice (brincadeira e combate) está presente e contamina todos os elementos do sistema cultural da Capoeira.

As táticas dos capoeiras no jogo se baseiam no disfarce e na camuflagem dos verdadeiros objetivos. Exemplo disso é o berimbau: é um instrumento musical, mas ao mesmo tempo pode ser uma arma: e fala-se em "armar" o berimbau para poder tocá-lo; montar o instrumento e afiná-lo, esticando-se o arame, prendendo-o a uma das extremidades da madeira envergada e depois ajustando a cabaça na outra extremidade – e em "desarmar" o berimbau, ao final de uma roda.

No jogo da Capoeira há movimentos corporais cujos nomes nos

remetem ao terreno das brincadeiras de infância (pião, balão) e há aqueles que supõem o combate (armada, arpão de cabeça, asfixiante); e existe a chamada de Angola, que é um momento de distensão – sem perder a perspectiva de contenção do enfrentamento típico do jogo – na roda de Capoeira, quando os dois jogadores se movimentam emparelhados para frente e para trás até que um, subitamente, "desarma" a chamada, isto é, aplica um golpe qualquer sobre o adversário, reiniciando assim o jogo.

A combinação das ações do jogo (tais como golpes e floreios, avanços e recuos, ataques e esquivas) é dúbia como as próprias cantigas de Capoeira, que falam do jogo que "todos podem aprender, general até doutor", ao mesmo tempo em que avisam do perigo da brincadeira: "Capoeira é ligeira, ela é brasileira, ela é de matar".

Luta coletiva incorporando séculos de resistência cultural, expressando corporalmente a linguagem de um povo que tradicionalmente resistiu à dominação, a Capoeira é fundamentalmente um jogo de ação e reação. Atuando nos vazios do adversário, aproveitando-se das lacunas provocadas pelos movimentos do próprio atacante, o importante para o capoeira é saber aproveitar o espaço vazio deixado pelo outro; só quando há oportunidade de êxito o capoeira parte para o embate direto. Percebe-se, então, que o mesmo corpo que aparentemente conformara-se, na ocasião oportuna insurge-se e ataca: inesperado, surpreendente, invertendo as regras do jogo que garantem a dominação; e aquele que já se acostumava ao aparente domínio da situação poderá, num instante, 'levar uma rasteira' e tornar-se, ele próprio, o dominado.

A surpresa é o elemento essencial nas estratégias de ação e reação da Capoeira, subvertendo e invertendo as regras do jogo da dominação: a principal intenção é sempre a de desequilibrar o outro, o qual, por sua vez, deve evitar cair. Afinal, cair é ficar em desvantagem: perder o domínio, o poder. Todos os movimentos da luta da Capoeira se encaixam nesse mesmo propósito: derrubar o outro. E para que isso ocorra, mais do que força física o capoeira deve ter fundamentalmente mandinga, malícia. Essa regra do jogo garante há séculos a unidade da Capoeira como prática de camaradas. Mesmo que um deles acabe derrubado, no chão. Afinal...

"Capoeira que é bom/ não cai
E se um dia ele cai/ cai bem..."
Vinícius de Moraes & Baden Powell, Berimbau

A PREPARAÇÃO DO CAPOEIRA

"Menino preste atenção
No que eu vou lhe dizer
O que eu faço brincando,
Você não faz nem zangado..."
Mestre Pastinha

Quando se afirma ser a Capoeira luta, dança, arte, mandinga, fica implícita a diversidade das técnicas e processos existentes em sua aprendizagem. A mandinga, a astúcia e a agilidade se sobrepõem à força física: o mais forte não é aquele fisicamente mais avantajado – mas o mais malicioso, o mais mandingueiro.

A metodologia utilizada com este objetivo exige o emprego de instrumental adequado ao que se propõe: fazer um capoeira, para que este possa jogá-la, corporificá-la. Estabelecido este propósito, cabe ao mestre verificar individualmente se o iniciante possui alguns requisitos básicos: ritmo, flexibilidade articular, elasticidade e força muscular, etc.

Esta observação ocorre quando o iniciante demonstra facilidade –ou não – na execução dos movimentos voltados à educação e condicionamento corporal.

O primeiro passo pode consistir em andar engatinhando, ou seja, o corpo apoiado nas mãos, braços e pernas mantidos flexionados, deslocando lentamente pelo solo.

Este treinamento possui finalidades essenciais para o jogador, sob os aspectos do desenvolvimento físico e de retomar-se a intimidade homem-terra. A locomoção executada desta forma exige força muscular diretamente proporcional ao corpo, perfeita coordenação entre os movimentos dos membros inferiores e superiores, mantidos sob intenso trabalho aeróbico.

Outra posição indispensável na preparação do capoeira é a denominada parada, ou parada de mãos, em que o corpo fica imóvel na postura vertical, com a cabeça para baixo, sustentado pelos braços estirados e as mãos abertas apoiadas ao solo.

Tendo o praticante desenvolvido suficiente força e equilíbrio, o exercício seguinte é andar com as mãos, usando a mesma posição vertical da parada, agora com as pernas flexionadas nos joelhos.

Os músculos do tronco e membros superiores, muito solicitados no jogo, são trabalhados especificamente com a prática de flexões dos braços, na postura descrita acima. Nestes exercícios o corpo permanece na vertical, cabeça para baixo. As pernas se encontram dobradas nos joelhos, a coluna vertebral com pequena arqueação, os pés auxiliando o equilíbrio, deslizando sobre uma superfície vertical (que pode ser uma parede), paralela ao corpo.

Os MOVIMENTOS

"Olha a armada, meia lua e cabeçada
a rasteira e a queixada
p'ra matar..."

A GINGA

A ginga é a movimentação corporal essencial da capoeira. Passo de dança – passo de luta. Primeiro, para aprender-se o jogo. Cadência, movimentação oscilante, meneio do corpo, que desconcerta e engana, no jeito bamboleante, na dança de todo o corpo.

A sua característica principal é permitir a descontração, a entrega aos ritmos da Capoeira. Funciona como armação para outros movimentos, permitindo deslocações constantes.

Como se fora uma dança – nem por isto obrigada a ter propósitos inofensivos – estabelece harmonia entre a Capoeira e a própria natureza do jogador: versátil, dinâmica, criativa.

Permitindo que a um só tempo o corpo lute aparentando dançar, a ginga camufla o potencial letal dos movimentos. É a ginga que predispõe o jogador a um jogo situado entre a brincadeira e o combate. A ginga não é unicamente uma base para o arremesso de golpes. E os movimentos da Capoeira não são somente golpes.

Existe um princípio de movimentação em equilíbrio, com as ações circulares típicas do jogo, que determina uma forma de ginga para cada jogador, atendendo a suas características e preferências. Afinal, não podemos esquecer as peculiaridades do jogo.

As padronizações – ou estilizações – levam à diminuição do espaço reservado à arte, aos improvisos de cada jogador, empobrecendo e descaracterizando o jogo, invertendo suas finalidades.

As tentativas de estabelecer-se um estilo único de ginga, geralmente são o resultado das iniciativas de alguns professores, que buscam ajustá-la às razões pelas quais praticam a Capoeira, sejam a promoção de shows ou o ensino de pugilato. Isso contraria o fundamental: a arte se presta à luta e pode ser vista como demonstração, mas sua natureza vai muito além destas meras possibilidades.

Qualquer comparação que implique em limitação, exclusão de componentes do seu conteúdo, provoca deturpações. Principalmente se referentes a modalidades pugilísticas, por relacionarem a Capoeira com manifestações inseridas em outro contexto cultural.

Não serão menos equivocadas comparações com outras danças, entendidas conforme os conceitos geralmente adotados para sua compreensão. Isso importaria em excluir a possibilidade do emprego ofensivo-defensivo, existente desde o surgimento do jogo, de forma implícita ou explícita.

É importante observar a ginga, notando o intenso magnetismo a desprender-se do capoeira dançando com todo o corpo, balançando os braços, sorridente frente ao adversário que por força quer atingi-lo.

Os braços se posicionam sempre de forma tal que fica garantida proteção à cabeça, quando se faça necessário, para – na ocasião apropriada – prepararem um ataque. As pernas alternam passos que permitem a execução de outros movimentos. Na mobilidade dos quadris se encontra uma das causas da agilidade com que os capoeiras se esquivam quando atacados – e é recurso auxiliar no arremesso de movimentos com os pés, mãos ou cabeça.

Além de incluir uma sucessão de posições de guarda do capoeira, a ginga possibilita o início e velocidade nos ataques e defesas. Esta premissa estabelece, portanto, a necessidade do pleno conhecimento da sua mecânica. Progressivamente o jogador se entrega ao ritmo de forma descontraída e pode personalizá-la, ajustando-a sempre conforme seu temperamento e intenções.

Ao gingar o capoeira se permite improvisos e inovações, considerando o essencial: defender um lado do corpo enquanto o outro se prepara (ou executa) um ataque. Deve ser considerada imprescindível a manutenção do equilíbrio do corpo. Nestas condições, o emprego de figurações e gestos destinados a desviar a atenção do adversário, camuflando o propósito de ataques e defesas, acontece de acordo com a criatividade de cada um. O desenvolvimento da maneira própria de gingar depende de imaginação e prática constante.

É importante o treinamento da ginga pelo capoeira defronte a um camarada, executando apenas gestos destinados a desviar a atenção do adversário, aplicando diversas formas de truques ao seu alcance, para enganar o oponente, assim como a execução intensiva individual.

AÚ

Movimento de locomoção do capoeira na roda permite aproximar-se ou afastar-se do oponente, armando ataques e executando uma defesa.

NEGATIVA

Aqui o capoeira desce sobre uma perna, que flexionará sob o peso do corpo, ao abaixar-se. Com isto, temos o corpo sobre uma perna, apoiado no calcanhar, enquanto a ponta do pé (flexionada) firma a base no chão. A outra perna é lançada à frente, esticada, o calcanhar tocando o solo. O braço deste lado apoia a mão ao solo, garantindo ao capoeira três pontos de apoio e uma posição que permite locomoção rápida.

Geralmente os capoeiras aperfeiçoam a execução da negativa treinando a troca de negativas, que consiste em alternar sucessivamente os pontos de apoio do corpo, de um lado e de outro, em rápidos movimentos

RESISTÊNCIA

É uma defesa onde o capoeira se abaixa sobre as pernas flexionadas, colocando o peso do corpo sobre uma perna. O braço correspondente a esta perna mantêm a mão apoiada no solo, enquanto o tronco é ligeiramente curvado, a outra mão à frente da cabeça.

Ao praticar a resistência o capoeira se prepara para outros movimentos, sendo comum conjugar sua execução com o aú.

MEIA-LUA DE FRENTE

Ao fazer este movimento o capoeira descreve uma meia-lua com uma perna estirada, arremessada com o pé passando à altura do adversário e completando um semicírculo, para então voltar com o pé ao ponto inicial, retornando à ginga.

BÊNÇÃO

O capoeira ao aplicar a Bênção levanta a perna que se encontra atrás na ginga, puxa-a em direção a si e - num movimento rápido - empurra-a contra o peito do adversário, buscando atingi-lo com o calcanhar.

A Arte da Capoeira

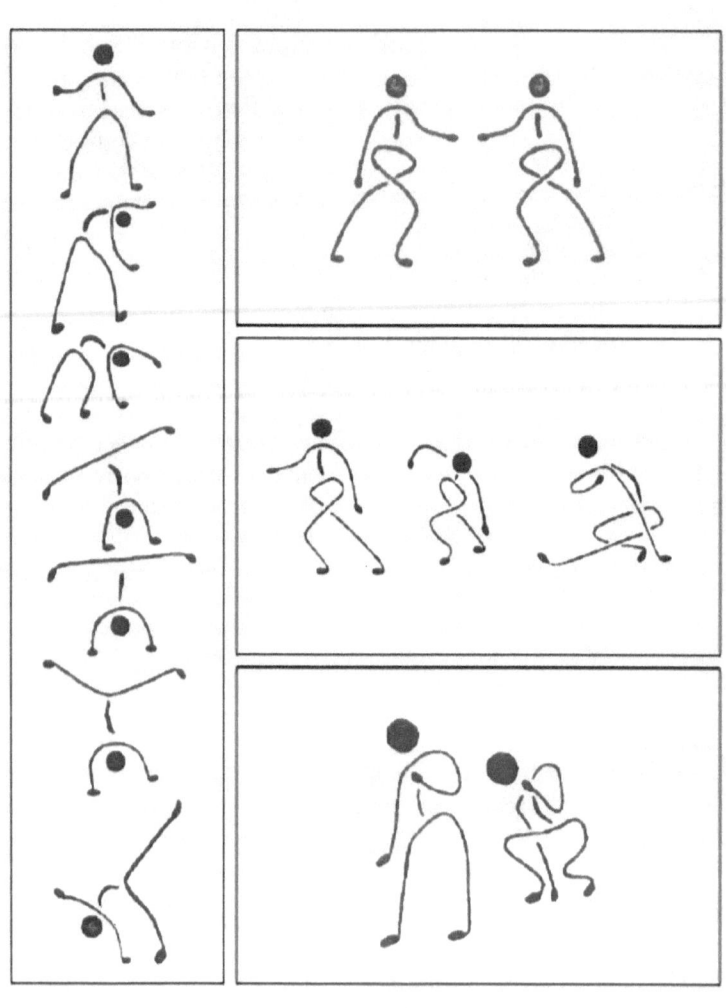

Esquiva

Neste movimento o capoeira se desloca sem recuar o corpo, porém evitando a trajetória de um gesto contrário, se abaixando lateralmente.

Cabeçada

Em uma posição semelhante à da esquiva, o capoeira projeta seu tronco para a frente, sobre uma perna flexionada servindo como base, buscando atingir o adversário com a cabeça.

Rasteira

Na execução da rasteira o capoeira cai sobre uma das pernas, que se flexiona sob o peso do corpo. Se a perna flexionada for a esquerda, tendo por pontos de apoio o pé desta perna e as duas mãos sobre o solo, o capoeira traça um semicírculo à sua frente, com a perna direita, o pé desta perna passando rente ao solo, buscando varrer o adversário. O movimento prossegue até que se complete o círculo, quando o capoeira se levanta já defronte ao oponente.

Martelo baixo

O capoeira desce ao solo, apoiando-se às mãos, executando um giro sobre o pé da perna que se encontra à frente, arremessando a perna de trás, até voltar à posição inicial.

Chapéu de couro

Na execução do chapéu de couro, o capoeira principia uma rasteira e interrompe a certa altura, para voltar com a mesma perna em direção contrária à inicial, desferindo um movimento idêntico ao anterior.

Queixada

Aqui o capoeira se posiciona defronte ao adversário, dá um passo lateral e em seguida, numa torção do tronco, arremessa a perna da frente, desferindo um movimento semicircular à altura da cabeça do adversário. O movimento prossegue até a descida da perna até o solo.

Armada

O capoeira executa um giro de todo o corpo, aparentemente dando as costas ao adversário, posicionando-se sobre a perna que se encontra à frente, arremessando a outra perna, em um movimento que completa o giro do corpo, tendo como objetivo a cabeça do oponente.

Meia-lua de compasso

Neste movimento o capoeira se abaixa até o solo, apoiando as duas mãos ao solo e desferindo um giro com a perna de trás, arremessando-a à altura do tronco do adversário. O giro é executado sobre a perna base, como se fosse um compasso. Durante todo o movimento a cabeça se encontra entre os braços, os olhos atentos ao adversário.

No treinamento básico, é útil a execução em seguida à resistência, exigindo um maior controle da meia-lua e mantendo o corpo bem próximo ao solo durante toda a movimentação.

Ao treinar contra-ataques à meia-lua, um movimento pouco convencional, porém de certa utilidade, é o de puxar a perna de apoio de quem arremessa o golpe, com a mão, provocando a interrupção e queda do capoeira.

Chapa lateral

Este movimento é executado de forma semelhante à Bênção. A perna é puxada pelo capoeira (joelho flexionado) e distendida em um gesto súbito, procurando atingir o oponente com a parte inferior do pé.

Chapa de costas

Neste movimento o capoeira se abaixa até o solo, numa posição próxima à da meia lua de compasso, quando então desfere um golpe idêntico à chapa lateral, agora contando com o apoio das duas mãos ao solo e se aproveitando do fato de estar de costas para o adversário.

Chapa-pé rodado

Ao executar este chute o capoeira faz um giro de todo o corpo sobre uma perna base que se encontra à frente, dando as costas ao adversário.

Neste momento, aproveitando o impulso do movimento de rotação do

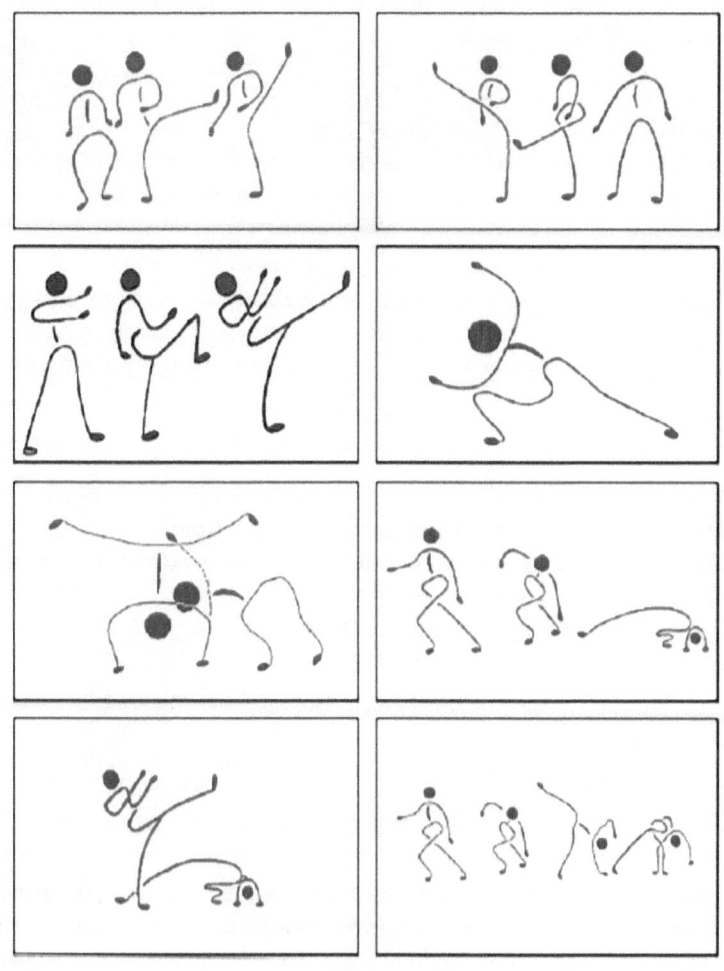

corpo, desfere vigoroso chute na posição da chapa lateral, em direção ao tronco do adversário.

Tesoura de Costas

Na tesoura o capoeira parte de um aú ou de posição idêntica àquela inicial da meia-lua de compasso. Em um rápido salto, deve buscar prender entre suas pernas as do adversário, mantendo a frente do corpo para o solo, apoiando-se sobre as mãos.

Em seguida, encaixado o movimento, um dos braços é levantado do solo para fazer um gesto no sentido de rotação do tronco, servindo o outro como base para o corpo ser girado de lado, tesourando a base de apoio do adversário e arremessando-o ao solo.

Ponte

Movimento usado como fuga de um ataque, onde o capoeira - saindo de uma posição igual à da resistência - executa uma curvatura do tronco e coluna, apoiando as mãos ao solo, para levantar-se com o apoio dos braços.

Coice

Como se percebe pelo nome, o coice é um movimento onde o capoeira se apoia sobre os braços e desfere um potente chute duplo.

As pernas são encolhidas e depois arremessadas contra o adversário.

Rabo de Arraia

No rabo de arraia o capoeira se aproxima do adversário e se atira ao solo, apoiado às mãos, lançando um dos pés em direção ao rosto do oponente, enquanto a outra perna dá equilíbrio ao movimento.

Voo do Morcego

Na execução deste movimento o capoeira pula em direção ao adversário, com as pernas e braços encolhidos. No ar, as pernas são distendidas e os pés empurrados com força contra o oponente. Ao cair no solo, o capoeira amortece a queda com as mãos.

Parafuso

O capoeira executa um giro em tudo semelhante ao da armada. Quando

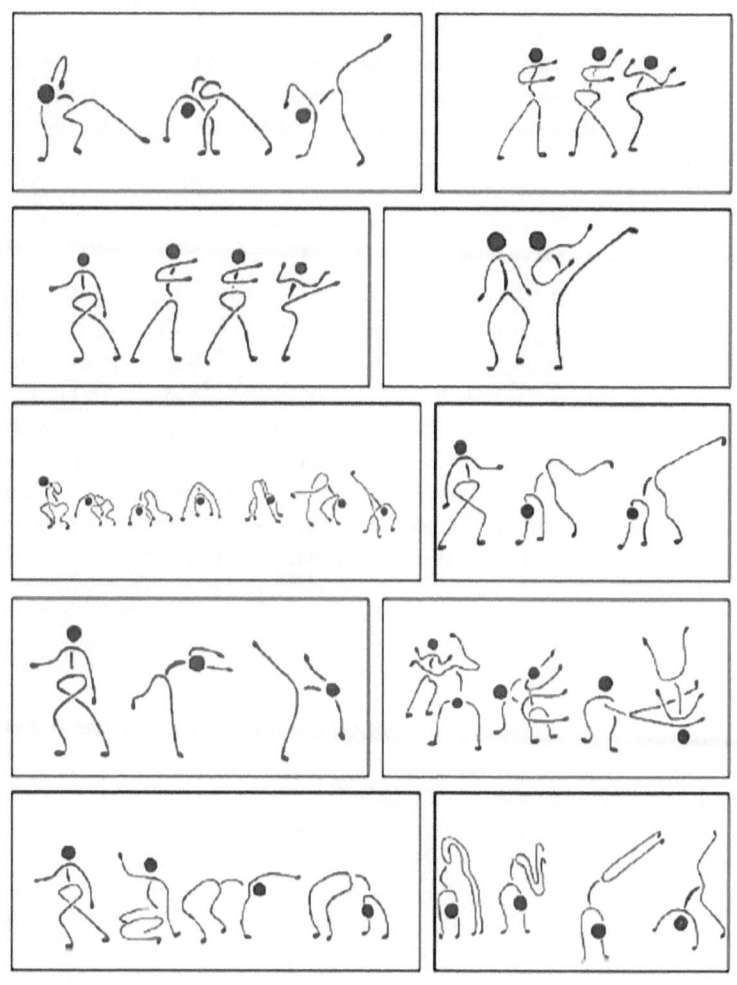

a perna começa a efetuar o semicírculo, o capoeira dá um salto e desfere um pontapé lateral com a outra perna, girando no ar, graças ao impulso obtido durante toda a movimentação.

Meia-lua solta

Na execução do giro, o calcanhar da perna que descreve a meia-lua procura passar à altura da cabeça do oponente.

Neste movimento o capoeira faz um giro de tronco, preparando-se para executar a meia-lua solta. Em seguida arremessa o corpo num giro sobre uma perna flexionada, no ar, como se fizesse uma meia-lua de compasso acima do chão.

Variações do Aú

Em geral os movimentos da Capoeira são executados pelo jogador de forma pessoal, cada um acrescentando características que os tornem mais adequados a um momento particular do jogo. O aú é um dos movimentos que já tem consagrado o uso da maior quantidade de variantes. Temos assim o aú aberto, o aú fechado, o aú com martelo, em que o capoeira na posição do aú desfere um pontapé no adversário, o aú com rolê, quando o capoeira conclui o movimento na posição de negativa, aú compasso, executado sobre uma das mãos, procurando cair com uma perna esticada atingindo o oponente com o calcanhar, aú com queda de rins e aú camaleão.

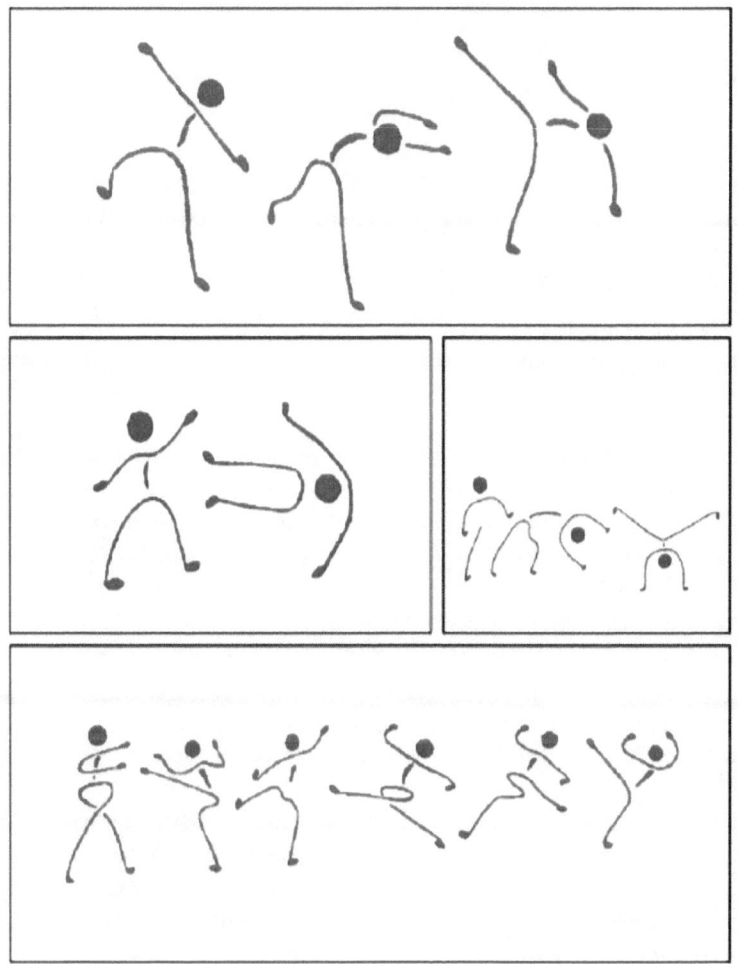

A Capoeira hoje

*Não é karatê e não é kung-fu
maculelê, maracatu...'*

Desde o início do século XX – com a "revolta da vacina" no Rio de Janeiro, em 1904, praticantes da Capoeira foram líderes e protagonistas nos movimentos de reação ao autoritarismo do período denominado pelos historiadores do Brasil de "República Velha'".

A Capoeira permaneceu na ilegalidade até os anos 30 e 40 Do século XX quando foram abertas em Salvador, Bahia, as primeiras "academias" com licença oficial para o ensino da capoeira como uma prática esportiva.

Neste empreendimento destacaram-se dois mestres baianos negros e originários das camadas pobres da cidade, Bimba e Pastinha, considerados pelos capoeiras atuais como os "heróis culturais" desta luta.

Para viabilizar seu projeto regional e étnico estabelecendo suas escolas em ambientes oficializados adotaram duas estratégias diferentes.

O criador da capoeira Regional Baiana, mestre Bimba, não viu nenhum inconveniente em "mestiçar" essa luta, incorporando à mesma movimentos de "luta livre".

Por outro lado, o mestre Pastinha, outro nome famoso da capoeira baiana, contemporâneo de Bimba e igualmente empenhado na legitimação da prática do jogo, reagindo àquela "mestiçagem" da capoeira, afirmou a "pureza africana" da luta, difundindo o estilo da capoeira Angola e procurando distingui-lo da Regional.

Diferentemente do século XIX, quando a prática da Capoeira, tolerada como contravenção ou criminalizada, empurrava os negros para fora da sociedade brasileira, com a capoeira esporte os negros foram absorvidos: estão do lado de dentro, "no jogo".

Bimba e Pastinha utilizaram táticas distintas defendendo maneiras diferentes de inserção social. Suas escolas propuseram por intermédio da Capoeira, estratégias simbólicas e políticas diferenciadas que visavam – em última instância – ampliar o espaço político dos negros na sociedade brasileira, indicando dois caminhos possíveis. De um lado foi organizado o estilo Regional, que embora incorpore elementos de lutas ocidentais, guarda elementos que reafirmam a identidade étnica negra nas músicas, nos toques do berimbau e nos próprios movimentos – conforme depoimento de mestre Bimba – provenientes também do batuque e do maculelê.

A Capoeira Regional coloca em contato sistemas de valores distintos e, portanto, construções corporais distintas (movimentos corporais de brancos e negros), operando uma mediação, criando um campo simbólico ambíguo e ambivalente.

Sob esse aspecto a Capoeira Regional oferece uma afirmação de identidade mais ampla que a da Capoeira Angola afirmando a presença do negro enquanto parte da sociedade brasileira e, finalmente, enquanto símbolo da nação como um todo. A Regional admite, por exemplo, a incorporação de elementos de outras formas de luta e novos conceitos quanto à maximização dos efeitos dos golpes; e permite a construção de uma nova presença negra no cenário nacional. Um preço foi pago por isso, no plano político: renunciar à afirmação de uma diferença na identidade negra.

A Capoeira que se quer pura, representada pelo estilo Angola é uma forma inequívoca de afirmação da identidade étnica: em sua própria designação os praticantes reafirmam sua origem e ao conservar a pureza da construção corporal negra, demarcam uma forma culturalmente distinta de jogar capoeira. Os defensores da Capoeira Angola consideram que existindo como resistência no momento de inclusão do negro na sociedade brasileira, ela só é revalorizada como reafirmação dessa mesma resistência em função da recuperação de uma identidade negra específica, no bojo da construção política de uma consciência negra. A construção dessa identidade é possível a partir de uma postura conservadora, que reinventa a tradição e só se mantém com a recuperação simultânea dos outros elementos que, no plano simbólico, organizam essa visão de mundo negra. Exemplo disso é a afirmação da origem africana da capoeira a partir do ritual de iniciação denominado dança da zebra ou N'Golo.

A oposição Capoeira Angola *versus* Capoeira Regional é matizada; o estilo Regional preserva as características ambíguas e mantém elementos que assinalam as fronteiras culturais e étnicas dos negros, mesmo com a incorporação de movimentos corporais de lutas brancas.

A prática da Capoeira Angola não é tão somente voltar ao passado, mas buscar na Capoeira uma visão do mundo que questionou, desde o princípio, diversos conceitos e padrões da cultura ocidental. Afinal, quando surgiu a

Regional, já existia uma tradição consolidada na Capoeira, principalmente nas rodas de rua do Rio de Janeiro e da Bahia

Depoimentos obtidos junto aos velhos mestres de Capoeira da Bahia lembram personagens importantíssimos na história da luta no século XX, tais como Traíra, Cobrinha Verde, Onça Preta, Pivô, Nagé, Samuel Preto, Geraldo Chapeleiro, Daniel Noronha, Totonho de Maré, Juvenal, Canário Pardo, Aberrê, Livino, Bilusca, Cabelo Bom e outros. Inúmeras cantigas lembram os nomes e as proezas destes capoeiras, mantendo-os vivos na memória coletiva da Capoeira.

Destacou-se entre os que defendiam a escola tradicional o mestre Waldemar, do bairro da Liberdade, em Salvador, falecido em 1990. Desde 1940 conduzindo a roda de Capoeira que viria a ser o mais importante ponto de encontro dos capoeiras da capital bahiana, infelizmente mestre Waldemar não teve na velhice o reconhecimento que merecia. Não foram muitos os capoeiras mais jovens que tiveram a honra de conhecê-lo e ouvi-lo contar suas histórias. Lamentavelmente, morreu na pobreza, como os mestres Pastinha, Bimba e muitos outros.

Alguns mestres-capoeiras, antigos freqüentadores das famosas rodas de Capoeira tradicional de Salvador, apesar da idade avançada ainda dão sua contribuição ao desenvolvimento do jogo, ministrando cursos, palestras e mesmo ensinando regularmente em instituições no Brasil e em outros países.

Com a boa aceitação obtida pela escola de mestre Bimba, dividiu-se o universo da Capoeira em tendências divergentes: alguns se voltaram para a preservação das tradições e outros procuraram desenvolver um estilo mais direcionado para o combate, à feição das lutas marciais. Conforme ensinam os velhos mestres da Capoeira baiana, a expressão 'Capoeira Angola' ou 'Capoeira de Angola' somente surgiu após a criação da 'Regional', com o objetivo de estabelecer-se uma designação diferente entre esta e a Capoeira tradicional, já amplamente difundida. Até então não se fazia necessária a diferenciação e o jogo se chamava simplesmente Capoeira.

Se o trabalho desenvolvido por mestre Bimba mudou os rumos da Capoeira, muitos capoeiras se preocuparam em mostrar que a Angola não precisaria sofrer modificações, pois já continha elementos para uma eficaz defesa pessoal. A cisão ficou mais intensa, levando a uma autêntica polarização, a partir da fundação, em 1941, do Centro Esportivo de Capoeira Angola, em Salvador, sob a liderança do mestre Pastinha, reconhecido como o mais importante representante dessa escola.

A ampla expansão da Regional, principalmente como uma modalidade de luta, contribuiu para difundir a falsa ideia de que a Angola não dispunha de recursos para o enfrentamento, afirmando-se ainda que as antigas rodas de Capoeira, anteriores a mestre Bimba, não apresentavam situações reais de combate. Entretanto, os velhos mestres fazem questão de dizer que estes ocorriam de uma forma diferente da atual, em que os jogadores se valiam mais da agilidade e da malícia, da mandinga, do que da força propriamente dita.

No seu livro Capoeira Angola, mestre Pastinha afirma que "sem dúvida, a Capoeira Angola se assemelha a uma graciosa dança onde a ginga maliciosa mostra a extraordinária flexibilidade dos capoeiras. Mas, Capoeira Angola é, antes de tudo, luta e luta violenta".

Prática comum no cotidiano das primeiras décadas do século XX, a Capoeira não exigia de seus praticantes nenhuma indumentária especial. O capoeira entrava no jogo calçado com a roupa do dia-a-dia. Nas rodas mais tradicionais, aos domingos, alguns dos capoeiras mais destacados faziam questão de se apresentar trajando refinados ternos de linho branco, como era comum até meados desse século.

O ensino da antiga Capoeira Angola ocorria de forma espontânea. Os mais novos aprendiam com os mais experimentados, diretamente, com a participação na roda. O aprendizado informal nas ruas e praças das cidades brasileiras predominou até 1960.

Expressivo número de capoeiras se refere atualmente à Angola como uma das formas de jogo, não propriamente como um estilo metodizado de Capoeira.

Lembramos, como já foi dito neste livro, que a velocidade e outras características do jogo da Capoeira estão diretamente relacionados com o tipo de 'toque' executado pelo berimbau. Entre outros, existe aquele denominado toque de Angola, que tem a característica de ser lento e compassado. Jogar Angola consiste, na maioria dos casos, em jogar Capoeira ao som do toque de Angola.

A compreensão do autêntico significado da Capoeira Angola vem mudando com o enorme trabalho das escolas tradicionais, que realizam um sério e valioso trabalho de divulgação e difusão dos fundamentos dessa modalidade.

No meio da Capoeira, durante décadas os discípulos de mestre Bimba e de mestre Pastinha alimentaram divergências. A Angola, desvalorizada durante as décadas de 60 e 70, momento do auge da Regional - que procurava conquistar o mercado então aberto às chamadas artes marciais - seria, ao longo da década de 80 e desde o início dos anos 90, revalorizada como depositária da tradição, no bojo da valorização da negritude e do crescimento da consciência negra.

A grande parte das academias, escolas e associações de Capoeira dedicam algum tempo ao jogo de Angola quando realizam suas rodas, que nem sempre corresponde àquilo que os antigos capoeiristas denominavam Capoeira Angola. E o jogo acaba resumindo-se à constante utilização das mãos como apoio no chão e execução de movimentos de pouca eficiência combativa, golpes mais baixos e lentos, realizados visando maior efeito estético com a exploração do equilíbrio e da flexibilidade do capoeira.

Evidentemente, seria tarefa dificílima reproduzir detalhadamente antigas movimentações e rituais da Capoeira. Afinal, como qualquer manifestação dinâmica, o jogo tem sofrido modificações ao longo de sua história.

O esforço dos capoeiras dedicados ao ensino da arte que viveram uma intensa preocupação de recuperar o saber ancestral da Capoeira, mediante o contato com os velhos mestres, demonstra uma saudável preocupação com a preservação das suas raízes históricas, recuperando informações junto aos antigos capoeiras, que vivenciaram inúmeras situações interessantes, acumulando experiência valiosa ao longo de muitos anos de prática e ensino.

Graças a essa proveitoso intercâmbio podem ser encontradas na maioria dos capoeiras algumas das mais relevantes características da Angola, como a continuidade do jogo, quando os jogadores procuram explorar ao máximo a movimentação evitando interrupções na dinâmica do jogo; as esquivas, fundamentais na Angola, em que o capoeira evita ao máximo o bloqueio dos movimentos do adversário, procurando trabalhar dentro dos golpes, aproveitando-se dos desequilíbrios e falhas na guarda do outro; a improvisação, típica dos jogadores de capoeira ambientados nas "rodas de rua" e que pela experiência diante de situações de enfrentamento real sabem que os golpes e outras técnicas treinadas no dia-a-dia são um ponto de partida para a luta, mas precisam ser moldadas rápida e criativamente à situação de momento.

A maioria das escolas não adotam a denominação de Angola ou Regional para a Capoeira que ensinam. E entre as que se identificam como Regional poucas demonstram relação direta com o trabalho de mestre Bimba: na imensa maioria, os mestres afirmam jogar e ensinar uma forma mista, conciliando elementos tradicionais com as inovações introduzidas por mestre Bimba.

Os fundamentos da luta tradicional ensinados às novas gerações pelos velhos mestres da Bahia, como Waldemar, Caiçara, Canjiquinha, João Grande, João Pequeno, Paulo dos Anjos, Ferreirinha e Curió, entre outros, contribuíram decisivamente para o avanço na organização dos grupos e na retomada das antigas tradições.

Nas últimas décadas do século XX a tendência constatada na grande maioria das escolas foi de que a Capoeira incorpore as características das duas escolas. Importante, portanto, que os capoeiras conheçam a sua história, praticando sua luta de forma consciente. Angola e Regional possuem valioso conteúdo histórico e não se excluem: completam-se

Indiscutivelmente, o jogo da Capoeira é uma das mais significativas contribuições dos africanos e seus descendentes para a formação da nossa identidade cultural, inserindo-se na nossa história e preservando a lembrança das lutas sociais que forjaram a cidadania brasileira. Promover o resgate das tradições da Capoeira significa recuperar a consciência da identidade brasileira. Divulgando essa belíssima linguagem corporal estamos expressando a voz de uma nacionalidade construída na luta de resistência à dominação cultural. Lutar pela recuperação da memória brasileira é lembrar os heróis saídos do seio do povo. Não nos esqueçamos do exemplo recente de Pastinha, Bimba, Querido de Deus, Besouro e tantos dos nossos irmãos que corporificam a cultura brasileira.

A ação desses mestres permitiu a preservação da Capoeira enquanto luta e arte, jogo e dança – aspectos essenciais numa manifestação cultural cujo valor depende dessa complexa multiplicidade. Vale ressaltar a importância do trabalho realizado pelos mestres e capoeiras espalhados por todo o mundo desenvolvendo esforços proveitosos pela continuidade dessa luta, única e original.

A sobrevivência da Capoeira estará assegurada pela ação dos inúmeros praticantes que compreendam a importância dessa forma exclusiva e magnífica de expressão corporal, cultivando a graça e leveza dos movimentos, as possibilidades técnicas e plásticas de traduzir fisicamente elasticidade, flexibilidade e controle. Tudo isso temperado com muita malícia. E o que é mais importante, sem esquecer a finalidade da luta: a liberdade – que resume o objetivo a ser alcançado e o caminho a percorrer.

Fortalecidos pelas tradições ricas em caracteres e componentes, os negros construíram a unidade da sua resistência em torno dos seus valores, determinando assim as ações da sua resistência social e cultural. Mesmo assumindo uma língua que não era a deles, adotando uma forma de comunicação totalmente estranha aos seus costumes – a escrita –, o negro preservou no corpo a memória da sua identidade. Essa memória corporal constitui-se na fonte de saber, no banco de dados que dá suporte à memória dos usos, costumes e tradições e tem na Capoeira o mais importante discurso de liberdade e autonomia memorizado no corpo. E é a partir dessa significativa interferência não-verbal que os negros participaram da definição da nossa cultura: sentindo na pele a emergência dos problemas políticos e sociais resgataram da sua memória corporal a luta de resistência da Capoeira.

O jogo da capoeira é um dos caminhos para a grande aventura da redescoberta: a construção da cidadania brasileira Por que não tentar?

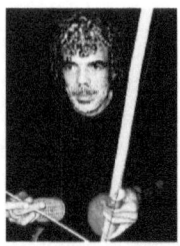

O AUTOR

Camille Adorno (mestre **Cascavel**) é 'filho' (discípulo) de mestre **Sabu** (Manoel Pio de Sales, *1940+2017), de quem recebeu o grau de mestre-capoeira Angola, da linhagem de mestre **Caiçara**, discípulo de mestre **Aberrê**, de Salvador, Bahia. Mestre Sabu foi pioneiro da Capoeira em Goiás com o **Terreiro de Capoeira Angola**, fundado em Goiânia no final da década de 1950. Mestre Cascavel foi aluno de mestre **Deputado** (1975/1977) – Walce Sousa, discípulo de mestre Bimba e fundador do **Grupo de Capoeira Bimba Meu Mestre**; e de mestre **Suassuna** (1987/1991) – Reinaldo Ramos Suassuna, discípulo de mestre Bimba e fundador do **Grupo de Capoeira Cordão de Ouro**.

Bacharel em Direito pela *Universidade Federal de Goiás*, mestre Cascavel é advogado. Foi membro da *Comissão de Direitos Humanos* da *Ordem dos Advogados do Brasil*, seção de Goiás (1998 a 2000). Foi secretário geral da *Ordem dos Músicos do Brasil*, seção de Goiás (1994 a 1996). É membro da *União Brasileira de Escritores*, seção de Goiás.

Esta edição – revista e ampliada – celebra 35 anos de atividade de ensino de Mestre Cascavel, promovendo a arte da Capoeira como educação libertadora e de combate à discriminação, ao preconceito racial e ao racismo.

A roda de Capoeira é feita de sons, uma festa de ritmos bravios onde a sensibilidade se manifesta livremente; é quando ocorre a dança ritual e o canto em meio à luta. Berimbaus, atabaques, ganzás, agogôs, pandeiros – tudo é som e movimento,

Esta é a luta da Capoeira: preservar a memória, registrar os feitos e transmitir as tradições de diferentes épocas da nossa história – e permanecer no cotidiano dos morros, terreiros, favelas, praias e ruas de toda a Terra.

Pratique Capoeira, a arte negra do Brasil e do mundo!

BIBLIOGRAFIA

AGOSTINHO NETO. Fogo e Ritmo. Poetas e Contistas Africanos, BRASILIENSE, 1963.

AMADO, Jorge. Bahia de Todos os Santos (Guia das Ruas e dos Mistérios da Cidade do Salvador). São Paulo, MARTINS, 1970.

ANTONIL, André João. Cultura e Opulência do Brasil por suas Drogas e Minas.

APTHEKER, Herbert. Uma nova história dos Estados Unidos: a era colonial. Rio de Janeiro, CIVILIZAÇÃO BRASILEIRA, 1967.

AOS 90 ANOS, cego e doente, Pastinha obtém alta do hospital, Jornal do Brasil, Jornal do Brasil, 26/02/1980, Caderno B, p. 9.

BADARÓ, Ramagem. Os Negros Lutam Suas Lutas Misteriosas - Bimba é o Grande Rei Negro do Misterioso Rito-Africano. SAGA (Magazine das Américas). Salvador, agosto, 1944.

BAINES, Anthony, Musical Instruments Trough the Ages. Londres, PENGUIN BOOKS, 1969.

BATALHA, Ladislau. Angola. Lisboa, 1889.

.... Costumes Angolenses. Lisboa, 1890.

CAPELO & IVENS. De Benguela às Terras de Iaca. Lisboa, 1881.

CASCUDO, Luis da Câmara. Folclore do Brasil (Pesquisas e notas). Rio de Janeiro, FUNDO DE CULTURA, 1967.

CARNEIRO, Edison. Candomblés da Bahia. Rio de Janeiro, EDIÇÕES DE OURO, 1961.

CATUNDA, Eunice. Capoeira no Terreiro de Mestre
Waldemar. FUNDAMENTOS (Revista de Cultura Moderna). São Paulo, nº 30, 1952.

COELHO NETO, Henrique Maximiano. "O nosso jogo", In: Bazar. Porto, LIVRARIA CHANDRON, 1928.

DEBRET, Jean Baptiste. Viagem Pitoresca e Histórica ao Brasil. São Paulo, 1972.

DECÂNIO, Ângelo A. A herança de mestre Bimba. Salvador. CEPAC,

1994.

DIAS DE CARVALHO, Henrique Augusto. Etnografia e História Tradicional dos Povos da Lunda. Lisboa, 1890.

DIAS GOMES, Alfredo de Freitas. Furacões da Bahia (Folheto do Grupo Folclórico Olodumaré). Salvador, s.d.

DO RIO, João. Presepes. A Alma Encantada das Ruas. Rio de Janeiro, H. GARNIER, 1910.

DUARTE, Mauro & **PINHEIRO**, Paulo Cesar. Jogo de Angola. GUERREIRA. LP 31C062421096, Clara Nunes, EMI-ODEON.

EDMUNDO, Luis. O Rio de Janeiro no Tempo dos Vice-Reis. Rio de Janeiro, ATHENA EDITORA, s.d.

FALECIMENTOS, Vicente Ferreira Pastinha, Jornal do Brasil,14/11/1981, 1º Caderno, p.20.

FERREIRA, Olavo Leonel. História do Brasil. São Paulo, EDITORA ÁTICA, 1978.

FREIRE, Roberto. É luta, é dança, é Capoeira. REALIDADE. São Paulo, Ano I, nº II, Fevereiro, 1967.

GIL, Gilberto & **SALOMÃO**, Walid. Zumbi, a felicidade guerreira. QUILOMBO. LP, DISCOS WEA.

HOLLOWAY, Thomas. "'A Healthy Terror': Police Repression of Capoeiras in Nineteenth-Century Rio de Janeiro", in: The Hispanic American Historical Review, 69:4, DUKE UNIVERSITY PRESS, North Caroline, 1989.

KOSTER, Henry. Viagens ao Nordeste do Brasil. São Paulo, 1942.

LEMOS, Alberto. História de Angola. Vol. I: 1482-1684.

LIMA CAMPOS, Cesar Câmara. "A Capoeira", In: Revista Kosmos nº 3, Rio de Janeiro, março de 1906

LYRA FILHO, João. Introdução à Sociologia dos Desportos. BIBLIOTECA DO EXÉRCITO EDITORA & EDIÇÕES BLOCH, 1973.

MELO MORAES FILHO. Festas e Tradições Populares do Brasil. Rio de Janeiro, F. BRIGUIET & CIA, 1946.

MONIZ, João. De Wildeberger a Besouro. A Tarde. Salvador, 05/07 05 1949.

MORAES, Vinícius de & **POWELL**, Baden. Berimbau. OS AFRO-SAMBAS, LP FM-16FE1016, COMPANHIA BRASILEIRA DE DISCOS.

NADOTTI, Nelson & **DIEGUES**, Carlos. Quilombo (Roteiro do filme e crônica das filmagens). Rio de Janeiro, EDIÇÕES ACHIAMÊ, 1984.

OLIVEIRA, Valdemar de. Frevo, Capoeira e Passo. Recife, COMPANHIA EDITORA DE PERNAMBUCO, 1971.

ORTIZ, Renato. Cultura brasileira e identidade nacional, Brasiliense, São Paulo,1985.

PASTINHA sem ajuda em Salvador tem novas promessas de socorro, Jornal do Brasil, 25/10/1971, 1º Caderno, p. 19.

POHL, Johhan Emmanuel. Reise in Innern von Brasilien. Viena, 1832.

QUERINO, Manoel. A Combuca eleitoral. JORNAL DE NOTÍCIAS, Salvador, 02 06 1914.

REDINHA, José. Álbum Etnográfico. Luanda, s.d.

REIS, João José & **SILVA**, Eduardo. Negociação e conflito: a resistência negra no Brasil escravista, COMPANHIA DAS LETRAS, São Paulo, 1989.

REIS, João José. Rebelião escrava no Brasil: a história do levante dos malês (1835), BRASILIENSE, São Paulo,1986.

RIBEYROLLES, Charles. Brasil Pitoresco. São Paulo, MARTINS, S.D.

RICARDO, Sérgio. Brincadeira de Angola.

RODRIGUES, Nina. OS africanos no Brasil. NACIONAL, São Paulo, 1977 (1 a ed.1933).

ROMERO, Abelardo. Origem da Imoralidade no Brasil.

RUGENDAS, João Maurício. Viagem Pitoresca Através do Brasil. São Paulo, MARTINS, 1954.

SALVADOR, Fr. Vicente do. História do Brasil. Belo Horizonte. ITATIAIA. 1982

SOARES, Carlos Eugênio Líbano. A negregada instituição: capoeiras no Rio de Janeiro (1850-1890), Rio de Janeiro, SMC/Departamento Geral de Documentação e Informação Cultural, 1994.

.... Golpe de Mestres. Nossa História. Rio de Janeiro, Ano 1, nº 5, p. 17 a 20, março 2004

TAVARES, Claudio Tuiuti. Capoeira Mata Um! O Cruzeiro. Rio de Janeiro, 10/01/1948

VANDRÉ, Geraldo. Hora de Lutar. LP PPL122202. CONTINENTAL

VARZEA, Paulo. Cuando llora la milonga... O Cruzeiro. Rio de Janeiro, 5/04/1930

VERÍSSIMO, José. História da literatura brasileira. Ministério da Cultura. Fundação Biblioteca Nacional. Departamento Nacional do Livro.

VIANA, Francisco. Pastinha, o último capoeirista. Jornal do Brasil. Rio de Janeiro, 15/02/1974, Caderno B, p. 4

VIEIRA, Luiz Renato. A capoeira e a cultura internacional popular. Praticando Capoeira. São Paulo, ano II, nº 18, 2002.

.... Capoeira: os primeiros movimentos de sua história. Revista Capoeira. São Paulo, Ano I, nº 1, 1998.

.... A capoeira regional. Revista Capoeira. São Paulo, Ano II nº 4, 1999.

Consulta Complementar

ALALEONA, Domingos. História da Música - desde a antiguidade até nossos dias. São Paulo, RICORDI, 1978.

AMADO, Jorge. Terras do Sem Fim. São Paulo, MARTINS, 1970.

AZEVEDO, Aluízio de. O Cortiço. São Paulo, EDITORA ÁTICA, 1978.

CACCIATORE, Olga Gudolle. Dicionário de Cultos Afro-Brasileiros. Rio de Janeiro, FORENSE UNIVERSITÁRIA, 1977.

CARNEIRO, Edison. Ladinos e Crioulos: estudos sobre o negro no Brasil. Rio de Janeiro, CIVILIZAÇÃO BRASILEIRA, 1964.

MACEDO, Joaquim Manoel de. Memórias de um Sargento de Milícia.

PAGANO, Letícia. A Música e Sua História. São Paulo, RICORDI, 1968.

QUERINO, Manoel. Costumes Africanos no Brasil. Rio de Janeiro, CIVILIZAÇÃO BRASILEIRA, 1938.

REGO, Waldeloir. Capoeira Angola - ensaio sócio-etnográfico. Rio de Janeiro, ITAPUÃ, 1968.

TAVARES, Odorico. Bahia: imagens da terra e do povo. Rio de Janeiro, CIVILIZAÇÃO BRASILEIRA, 1961.

VIEIRA, Emílio. Na roda do berimbau. Goiânia, EDITORA ORIENTE, 1973.

www.ingramcontent.com/pod-product-compliance
Lightning Source LLC
Chambersburg PA
CBHW031415210526
45464CB00005B/1888